Paula Modersohn-Becker – Gemälde

Bei zeitgenössischen Kritikern stieß ihre Malerei auf Unverständnis, im Dritten Reich war sie als »entartet« verfemt, und die Gleichsetzung ihrer Kunst mit der Thematik ihrer Bilder – Kinder, Arme, Heidelandschaften – verstellte lange den Blick für die tatsächliche Bedeutung des Werkes von Paula Modersohn-Becker (1876–1907). Dabei führte ihre stille, aber mit Zähigkeit und Konsequenz betriebene Suche nach der eigenen künstlerischen Sprache sie instinktsicher auf den Weg in die Moderne. Der Ausbildung in einer Berliner Malakademie für Frauen war ihr Einzug in die Künstlerkolonie Worpswede gefolgt, wo sie Ermutigung, Anregungen und Motive, die ihr lagen, fand; hier heiratete sie 1901 den Maler Otto Modersohn. Doch das beschauliche Worpswede wurde ihr bald zu eng. Ihre regelmäßigen kleinen Fluchten in die Kunstmetropole Paris beschleunigen ihre künstlerische Entwicklung entscheidend. In der Auseinandersetzung mit den eigenen Wurzeln und im Dialog mit den Werken Cézannes, Gauguins und van Goghs findet sie innerhalb weniger Jahre ihren Stil; in einer erdhaft anmutenden, körnigen Malweise und in kargen, strengen, fast monumentalen Formen entstehen Stilleben, Menschenbilder und Selbstportraits, deren Meisterschaft vergessen läßt, daß Paula Modersohn-Becker zur Vollendung ihrer Kunst nicht einmal ein Jahrzehnt zur Verfügung stand.

Den einführenden Text verfaßte die Tübinger Kunsthistorikerin Brigitte Uhde-Stahl.

112 Seiten, 40 Farbta

Paula Modersohn-Becker

Gemälde

Mit einem Text von
Brigitte Uhde-Stahl

Schirmer/Mosel

Diese kleine Publikation, die dem malerischen Werk von Paula Modersohn-Becker gewidmet ist, wurde möglich dank der freundlichen Unterstützung durch Herrn Dr. Siegfried Salzmann und Frau Ursula Lichtlein von der Kunsthalle Bremen; Herrn Holger Zibrowius von der Fotostelle des Von der Heydt-Museums Wuppertal; Frau Dr. Roswitha Neu-Kock vom Bildarchiv des Museums Ludwig, Köln; Frau Dr. Marianne Heinz von den Staatlichen Kunstsammlungen Kassel; Herrn Eckhard Kluth von der Abteilung Dokumentation des Westfälischen Landesmuseums für Kunst und Kulturgeschichte, Münster; Herrn Prof. Dr. Peter Beye von der Staatsgalerie Stuttgart; Herrn Dr. Ingo Bartsch und Herrn Tayfun Belgin vom Museum am Ostwall, Dortmund; S. Kay Young vom Detroit Institute of Arts; Frau Christa Tintemann vom Photoservice der Landesgalerie, Niedersächsisches Landesmuseum Hannover; die Galerie Cohrs-Zirus, Worpswede; Herrn Dr. Georg Syamken von der Hamburger Kunsthalle; Frau Dr. Cornelia Syre von den Bayerischen Staatsgemäldesammlungen, München; das Bildarchiv Preußischer Kulturbesitz, Berlin, und die Bildstelle des Museums Folkwang, Essen.

Abbildung auf dem Umschlag:
Paula Modersohn-Becker
Selbstbildnis, Halbakt, mit Bernsteinkette, um 1906
Öl auf Leinwand, 60 x 50 cm, Kunstmuseum Basel

Lithos: O.R.T., Berlin
Satz: FotoSatz Pfeifer, München
Herstellung: Gorenjski Tisk, Kranj

ISBN 978-3-88814-413-4
Eine Schirmer/Mosel Produktion
www.schirmer-mosel.com

Inhalt

Brigitte Uhde-Stahl

Paula Modersohn-Becker: Leben und Werk

»Die Kunst ist schwer, endlos schwer. Und manchmal mag man gar nicht davon sprechen«, schreibt Paula Modersohn-Becker an ihre Schwester Milly ein halbes Jahr vor ihrem Tod.[1] Kunst, das heißt für sie Malen und malend »dem ewig sich erneuernden Ziele nahezukommen«[2]. Schwer war diese Kunst zunächst für jede Frau, die um die Jahrhundertwende Malerei zum Beruf erwählte, denn noch immer galt Kunst als Domäne des Mannes. »Schwer« mußte ferner die Kunst für Paula Modersohn-Becker sein, da sie mit wachem und sicherem Auge den Umbruch im Bereich der bildenden Künste um 1900 wahrnahm und sie es sich zur Aufgabe machte, innerhalb der zahlreichen künstlerischen Strömungen ungesichert einen eigenen Weg zu gehen. Dieser Weg bedeutete für sie ein nie endendes Lernen im künstlerischen, Selbstanalyse und Reifung im persönlichen Bereich. Verständnis hierfür fand sie weder bei der Familie noch bei den Worpsweder Freunden. Ihre Tagebuchnotizen und Briefe geben eindrucksvollen Einblick in das einsame Ringen, das bald mutig und selbstbewußt, bald resigniert und schwermütig klingt. Und immer wieder leuchtet eine große Lebensfreude auf. Auf das Unverständnis reagierte sie mit Rückzug, mit Arbeit im Verborgenen. Selbst Otto Modersohn war erstaunt und erschüttert, als er mit Heinrich Vogeler und Rudolf Alexander Schröder nach ihrem plötzlichen Tod den Nachlaß sichtete.

Über sechshundert Studien und Gemälde und mehr als tausend Zeichnungen waren in den sieben Jahren ihres Schaffens zwischen 1900 und 1907 entstanden. Zu ihren Lebzeiten wurden nur auf zwei Ausstellungen Bilder von ihr gezeigt. Erst nach ihrem Tod konnte eine breitere Öffentlichkeit ihr Werk in großen Gedächtnisausstellungen (Bremen, Hagen, Berlin) kennenlernen. 1917 erschien eine Sammlung von Briefen und

Tagebucheintragungen[3], die durch ihre Auswahl dazu beitrug, daß um Paula Modersohn-Becker eine Art Mythos entstand. Er stellte sich vor und damit auch gegen ihr Werk, stilisierte die Künstlerin zur heimatverbundenen Malerin der Worpsweder Landschaft, der schlichten Armen und Alten dieser Gegend und zur Darstellerin von Kindern und von Mutterschaft schlechthin. Die Kunstzensoren des Dritten Reiches verfemten sie als »entartet«. Noch heute wird ihr Werk nicht angemessen untersucht, beurteilt und ausgestellt.
Dabei leisten die Bilder Paula Modersohn-Beckers den Schritt in die Malerei des 20. Jahrhunderts. Zahlreiche Elemente lassen sich aufzeigen, die die Fragen der Moderne stellen und eigenständig beantworten, Fragen, die sich für die Künstlerin aus dem unbefangenen aber konsequenten Beobachten und praktischen Handeln ergaben und die in späteren Jahren von anderen Künstlern explizit erforscht und reflektiert wurden.
Als Paula Becker am 8. Februar 1876 in Dresden-Friedrichstadt geboren wurde, feierte das Deutsche Reich sein fünfjähriges Bestehen; die »Gründerjahre« hatten soeben begonnen. Die Industrialisierung hatte die Gesellschaft und ihre Lebensformen tiefgreifend verändert. Im Gefolge dieser Umwandlungen wurden die Frauen selbstbewußter und bemühten sich nachhaltig um Gleichberechtigung in Lehre, Forschung und Politik. Die Sensiblen jener Zeit erfuhren angstvoll das Unheimliche einer menschlichen Dimension, die der Arzt Sigmund Freud erstmals systematisch erforschte (*Die Traumdeutung*, 1900). Schließlich brachte die Physik das überlieferte Weltbild ins Wanken, als Einstein 1905 mit seiner Relativitätstheorie die gängigen Vorstellungen von Raum und Zeit aus den Angeln hob. Damit ist der kurze zeitliche Rahmen schon abgesteckt, der kulturelle Hintergrund angedeutet, in dem Paula Modersohn-Becker lebte und arbeitete. Die Unruhe der Zeit, der Umbruch und Aufbruch, teilte sich ihr gleichsam »unterirdisch« mit. Sie lebte ihn in dem ihr eigenen Gebiet, der Malerei, auf die ihr eigene Weise.
Im Jahr 1888 zog die Familie Becker nach Bremen, wo der Vater eine Stelle als Ingenieur bei der »Preußischen Eisenbahnverwaltung im Bremischen Staatsgebiet« übernahm. Mit sechzehn Jahren reiste Paula Becker zu Verwandten nach England, um Englisch und Fertigkeiten im Haushalt zu erlernen. In diese Zeit fallen die ersten zeichnerischen Versuche.

Der englische Onkel ermöglichte ihr den Unterricht an einer privaten Zeichenschule in London. Nach ihrer Rückkehr begann sie eine Ausbildung am Bremer Lehrerinnenseminar. Sie bestand das Abschlußexamen im selben Jahr, in dem der Vater seine Stellung verlor (1895). Von nun an stand über der jungen Paula Becker die Drohung, eine Gouvernantenstelle annehmen zu müssen. Sie aber hatte ihre wirkliche Berufung entdeckt und setzte alles daran, eine solide künstlerische Ausbildung zu erhalten.

Um die Jahrhundertwende waren die Kunstakademien des Deutschen Reichs für Frauen noch nicht zugänglich. So entstanden in verschiedenen Städten private Kunstschulen, die von und für Frauen gegründet wurden. Als Paula Becker im April 1896 nach Berlin reiste, belegte sie Kurse an der Zeichen- und Malschule des »Vereins der Berliner Künstlerinnen von 1876«. Aus den geplanten sechs Wochen wurden zwei Jahre. Während an der Preußischen Akademie der Künste noch ein konservativer Akademismus herrschte, sorgten Museen – besonders die Nationalgalerie unter Hugo von Tschudi –, unabhängige Künstlergruppierungen, Kunsthändler und Kritiker dafür, daß Werke der Impressionisten und Neoimpressionisten bekannt wurden. Mit Energie und Zähigkeit stürzte sich die zwanzigjährige Paula Becker in die Arbeit und nahm alle nur möglichen Anregungen auf kulturellem Gebiet begierig wahr.

Eine Tagebuchnotiz aus den ersten Wochen ihres Berlin-Aufenthalts zeigt, womit sich die werdende Künstlerin beschäftigte und in welche Richtung ihre Suche gehen würde: »Ich lebe ganz mit den Augen, sehe mir alles aufs Malerische an. Wenn ich durch die Potsdamerstraße meinen Weg zur Zeichenschule pilgere, beobachte ich tausend Gesichter, die an mir vorbeikommen, und versuche mit einem Blick das Wesentliche an ihnen zu entdecken. (...). Dann versuche ich alles flächig zu sehen, die runden Linien in eckige aufzulösen. (...). Ich sehe vieles noch so kindlich ungeübt, zu kleinlich und so weiter.«[4] Vom ersten Tag ihres Berliner Aufenthalts an übte sie sich also nicht nur im Zeichnen und Malen, sondern in eben jenem Wahrnehmungsvorgang, der für künstlerisches Arbeiten konstitutiv ist: im Sehen. Sie übte jedoch ein Sehen, das nicht mit unserem gewöhnlichen Sehen verwechselt werden darf. Normalerweise wertet der Sehende aufgrund von Erfahrung schon während des Sehvor-

gangs Hell, Dunkel und Farbe in der Weise um, daß er körperhafte Dinge in ihren raum-zeitlichen Beziehungen zueinander zu sehen meint. Willi Baumeister nennt dieses alltägliche Sehen »nutzbringend« oder »körperhaft«. Die junge Künstlerin beschreibt hingegen einen sinnlichen Vorgang, den man besser mit »Schauen« bezeichnet. Bei dieser jenseits des rationalen Erfassens liegenden Art des Sehens nimmt das Auge die Erscheinungen als rein visuelle Phänomene auf, ohne sie gegenständlich zu deuten. Noch während des »Schauens« versuchte Paula Becker, die visuellen Phänomene in bildhafte Vorstellungen umzusetzen. Dieser Prozeß des »Schauens« und Umsetzens ist die Voraussetzung für das Entstehen einer neuen, nicht illusionistischen Malerei. Äußerungen und Bilder von Paul Cézanne deuten darauf hin, daß auch er sich bewußt mit dem Sehen bzw. »Schauen« beschäftigt hat. Paula Becker bereitete sich also intuitiv, offenbar völlig aus sich selbst heraus, auf eine Begegnung mit den Werken Cézannes vor.
Das zweite Moment, das sie hier und später immer wieder anspricht, betrifft die Ebene der Aussage in ihren Bildern, die bei ihr nie vom Formalen losgelöst ist. Schon beim reinen »Schauen« versucht sie, das Wesentliche vom Unwesentlichen zu scheiden, dann auf das Papier nur das »Wichtige« zu bringen, damit, wie sie sagt, die »Sache Leben und Blut«[5] bekommt. Durch Verzicht auf die Mannigfaltigkeit der sichtbaren Details und durch formale Reduktion trachtet sie, dem Lebendigen der Dinge näherzukommen, das jenseits ihrer optischen Erscheinung und ihrer Raum- und Zeitgebundenheit liegt. Auf ihren Gängen durch die Berliner Museen studierte Paula Becker gerade diejenigen Werke früherer Epochen und fremder Kulturen, an denen sie jene Einfachheit und Wesentlichkeit fand. »Die alten Deutschen nehmen mich ganz gefangen ... Ein ganz besonderes Lichtlein steckte der Holbein mir an. Es war eine lehrreiche Illustration zum Texte Bauck: die große Wirkung nobler Einfachheit.«[6]
In den Berliner Jahren übte sie sich in verschiedenen stilistischen Richtungen, von raschen, malerisch aufgelockerten Ölskizzen bis hin zu Blättern, die deutlich den Einfluß des Jugendstils widerspiegeln. Dessen flächenhafte und konturenreiche Darstellungsweise entsprach ihren eigenen Bemühungen, während das dekorativ-vordergründige Element

ihrem Suchen nach dem Wesentlichen fremd sein mußte. Noch bis in die ersten Worpsweder Jahre entstanden, vor allem unter dem Einfluß von Heinrich Vogeler, Radierungen und gebrauchsgraphische Entwürfe, die deutlich vom Jugendstil beeinflußt sind.

Aus der Berliner Zeit sind ferner zahlreiche Zeichnungen erhalten, die sie außerhalb des Unterrichts ausführte. Zeichnen gehörte zur künstlerischen Grundausbildung auf den Akademien, und Paula Becker behielt diese Art von Fingerübungen ihr ganzes Leben lang bei. In Skizzen hielt sie Eindrücke fest oder bearbeitete bestimmte Motive, die sie dann in einem Gemälde ausarbeitete. Linien widerstrebten im Grunde ihrer Natur, »da sie in Wirklichkeit nicht vorhanden sind.«[7] Aber sie verwendete sie als Konturen, um die »Form... ein wenig fester packen«[8] zu können. So bedeutete die Begegnung mit der Farbe ein einschneidendes Ereignis für sie. »Die Farben fangen an, mir himmlisch zu tagen, ihre Verwandtschaft, ihr Charakter und vieles, was sich einfach nur fühlen läßt, gar nicht sagen.«[9] Ihre Bilder, vor allem die der späteren Jahre, zeigen deutlich, daß sie die Wirkkräfte der Farbe im Bild erforschte und ihren Kompositionen zugrundelegte. Die Farbe blieb jedoch, mit nur wenigen Ausnahmen, eng mit einem Gefüge stabiler Formen verbunden. Das »Rauschende, Volle, Erregende der Farbe«[10] und die starke, einfache Form wurden zum zentralen Mittel, um das »Wesentliche« der Dinge zu sagen. Der für sie so wichtige Zusammenhang von Farbe und klarer Form erklärt auch, warum sie die Farbmalerei Monets und Bonnards ablehnte. Auch Cézannes Umsetzung der visuellen Eindrücke in fleckenförmige farbige Äquivalente und die damit verbundene Auflockerung der Form, namentlich in den späten Landschaften, blieben ihr fremd.

Im September 1898 zog die 22jährige Paula Becker nach Worpswede, in jenes ursprünglich arme Moordorf bei Bremen, in dem sich seit 1884 einige Maler nach dem Vorbild der »Schule von Barbizon« und parallel zur Neu-Dachauer Schule (Adolf Hölzel und Ludwig Dill) niedergelassen hatten. Schon 1895 hatte sie Bilder von Otto Modersohn, Carl Vinnen und Fritz Mackensen gesehen und fand sie »lebenswahr ... Natürlich alles riesig realistisch aber ganz famos.«[11] Die Zeilen zeigen, wie sie selbst es mit einer »realistischen«, sprich abbildhaften Darstellungweise halten würde, und schon damals fragte sie sich vor einem Bild von Makkensen: »Ob das richtig ist und unsere sich verkürzende Perspektive nur künstlich Anerzogenes ist?« Im Jahr 1895 beantwortete sie die Frage noch ablehnend, 1896, ein Jahr später, übte sie das »aperspektivische Schauen« (Jean Gebser) ganz bewußt, und ab 1900 hinterfragte sie die »verkürzende Perspektive« in ihren Bildern.

Einsamkeit und Weite des Moors wirkten tief auf sie, und sie beobachtete, wie »das Bunte, Anerzogene, Geschauspielerte« von ihr abfiel und eine »vibrierende Einfachheit«[12] entstand. Neben der Landschaft waren es Bauern, Arme und Kinder, die sie in Skizzen und Bildern festhielt. Dabei ging es ihr nie darum, politische und soziale Verhältnisse aufzuzeigen, wie Käthe Kollwitz in Berlin es sich zur Aufgabe gemacht hatte. Paula Becker war politisch »unbegabt«, in mancher Hinsicht gar konservativ deutschtümelnd, auch den Fragen der Frauenemanzipation stand sie desinteressiert gegenüber. Diese Menschen waren in ihrer Schlichtheit und Dumpfheit ein Teil der großen Mutter Natur.

Zunächst nahm Paula Becker Unterricht bei Fritz Mackensen, aber schon bald erkannte sie, daß sie sich über seine künstlerische Auffassung und die Worpsweder Idylle überhaupt hinausentwickeln würde. Neben dem Unterricht entstanden großformatige Aktzeichnungen, in denen sie mit fast bohrender Hartnäckigkeit die körperlichen Unvollkommenheiten ihrer Modelle aufs Papier brachte. Während sie noch im Sommer 1899 den »Naturalismus«, im Gegensatz zu einem »verallgemeinernden Idealismus« als das »einzig wahre«[13] gepriesen hatte, löste sie sich nun zunehmend vom Naturvorbild. Im Oktober 1902 reflektierte sie dann den bereits vollzogenen Schritt: »Ich glaube, man müßte beim Bildermalen gar nicht so an die Natur denken, wenigstens nicht bei der Konzeption des Bildes. Die Farbenskizze ganz so machen, wie man einst etwas in der Natur empfunden hat. Aber meine persönliche Empfindung ist die Hauptsache. Wenn ich die erst festgelegt habe, klar in Form und Farbe, dann muß ich von der Natur das hineinbringen, wodurch mein Bild natürlich wirkt, daß ein Laie gar nicht anders glaubt, als ich habe mein Bild vor der Natur gemalt.«[14] Die Reduktion in ihren späteren Bildern erfolgt also auf der Basis einer genauen Beobachtung und einer ungeschönten Darstellungsweise des Menschen.

Ende 1899 stellte Paula Becker in der Bremer Kunsthalle einige kleine

Landschaften aus. Die Reaktion des Bremer »Kunstpapstes« Arthur Fitger war vernichtend. Die Wortwahl seiner aggressiven Kritik verrät vor allem tiefe Verunsicherung. Denn in diesen Bildern hatte sie die Berliner Erkenntnisse nunmehr künstlerisch umgesetzt. Sie verzichtete auf die abbildhafte Wiedergabe der Worpsweder Gegend mit Stimmung und Weite, reduzierte vielmehr ihre Elemente auf das »Wesentliche« und fügte sie als einfache Farbflächen zu Kompositionen zusammen, deren einzelne Teile sich aufeinander und gleichzeitig auf die gesamte Bildfläche beziehen. Mit diesem für die Bremer Kunstwelt ungewöhnlichen künstlerischen Vorgehen gelangte sie in die unmittelbare Nähe der Nachimpressionisten Cézanne, van Gogh und Gauguin. Paula Becker entzog sich dem Gerede mit einer langersehnten Reise in die europäische Kunstmetropole, nach Paris.

Paris war der Ort, den sie regelmäßig aufsuchte, um sich an der »Welt« zu reiben und um künstlerische Anregungen aufzunehmen, die sie im engen Worpswede nicht finden konnte. Vom ersten Tag an besuchte sie Museen und Ausstellungen. Von Bildern mit für sie interessanten formalen Lösungen fertigte sie Nachzeichnungen an. Es überrascht, daß die Namen der Künstler, die sie hätten anziehen müssen, nicht oder kaum in ihren Briefen oder Tagebuchnotizen zu finden sind. So berichtet sie erst im Oktober 1907, kurz vor ihrem Tod, von ihrer zufälligen Begegnung mit Werken von Cézanne: »Ich denke und dachte diese Tage stark an Cézanne und wie das einer von den drei oder vier Malerkräften ist, der auf mich gewirkt hat wie ein Gewitter und ein großes Ereignis. Wissen Sie noch 1900 bei Vollard.«[15] Gemälde dieser »drei oder vier Malerkräfte« bestätigten sie auf ihrem künstlerischen Weg, ohne daß sie darüber sprach.

Ende Juni 1900 kehrte sie nach Worpswede zurück. Höhepunkt des Herbstes war die Verlobung mit Otto Modersohn und der Beginn einer tiefen Freundschaft mit dem Dichter Rainer Maria Rilke. Zwischen August und Dezember 1900 malte sie vor allem Landschaften. Auffallend ist hier – wie auf vielen ihrer Bilder – die dumpfe Farbigkeit und die stumpfe Oberfläche. Letztere erzielte sie, indem sie eine spezielle Temperafarbe auf Karton auftrug, die sie manchmal mit Ölfarbe überging. Das dumpfe Kolorit läßt sich nur teilweise aus den Farb- und Lichtverhältnissen der

Worpsweder Landschaft erklären. Für Paula Modersohn-Becker, die eine »tiefe farbige Leuchtkraft in der Dämmerung, farbiges Leuchten im Schatten, Leuchten ohne Sonne«[16] in einem Bild von Jean Pierre liebte, war die Sonne zu hell. Zur Sonne, die »alles teilt und überall Schatten hineinsetzt und das Bild in tausend Teile zerpflückt«, hatte sie kein Verhältnis, wohl aber zu einer »Sonne, die brütet und die Dinge grau macht und schwer und sie alle in dieser grauen Schwere verbindet, auf daß sie eines sind«[17]. Mit einer solchen Auffassung von Licht und Farbe befand sie sich in der Nähe von Delacroix[18] und im Gegensatz zum Impressionismus, den sie zu überwinden suchte. Bei Paula Modersohn-Becker scheint die Sonne in die Farbmaterie selbst einzuziehen und ihr eine Leuchtkraft von innen heraus zu geben. Damit ist der Weg zur »befreiten Bildfarbe« geebnet, zu einer Farbe, die nicht von ihrer Bindung an die Oberfläche eines illusionistisch wiedergegebenen Gegenstandes bestimmt ist, sondern nur den Gesetzen ihrer Wirkung im Bild folgt. Die »Befreiung« von Linie, Form und Farbe zu sich selbst sowie die Einbeziehung der zweidimensionalen Bildfläche als Grundlage der Komposition: Dies sind unabdingbare Voraussetzungen für die Entstehung der modernen Malerei – Voraussetzungen, die von den Nachimpressionisten in Frankreich schon vor 1900 geschaffen worden waren. Paula Modersohn-Becker hatte auf ihre Weise an ihnen teil.

In den Landschaften jener frühen Worpsweder Zeit werden die einzelnen Elemente stark vereinfacht, manchmal sogar geometrisiert. Tiefenräumlichkeit ist mittels Überschneidungen, gestaffelter Größenverhältnisse und sich verkürzender Linien angelegt, wird jedoch häufig aufgehoben durch eine nach vorn drängende Farbigkeit, durch ein spezielles Ineinandergreifen von Flächen und Linien und durch betonte Ausschnitthaftigkeit. Die Pinselstruktur – in späteren Bildern rauht die Künstlerin die Malschicht mit dem Pinselstiel zusätzlich auf – macht die Beziehung der Komposition zum materialen Bildträger, dem Karton oder der Leinwand, sichtbar. Flächige und tiefenräumliche Elemente sind häufig so miteinander verknüpft, daß sie gleichzeitig als Raum oder als Fläche sowie in wechselnder Deutung gelesen werden können. Bei dem Gemälde *Moorgraben* von 1900/1902 (Taf. 2) beispielsweise ist die Horizontlinie sehr hoch angesetzt. Bei längerem Hinschauen löst sich der leuchtend blaue Moorkanal aus dem Dunkel der Ufer heraus und verselbständigt sich zu einem Gebilde, das nunmehr als Negativform zwischen den zwei positiven Uferzonen oder – in umklappender Deutung – als Positivform zwischen zwei dunklen Negativformen wahrgenommen wird. In den Landschaften von 1900 bricht Paula Modersohn-Becker die Vorherrschaft der auf der Zentralperspektive basierenden Tiefenräumlichkeit und setzt darüber hinaus das Spiel von Raum und Fläche als selbständiges Mittel ein, um den Betrachter zur Eigenaktivität anzuregen. Auch hiermit befindet sie sich auf einer künstlerischen Spur, die weit ins 20. Jahrhundert weist.

Im Mai 1901 fand die Hochzeit von Paula und Otto Modersohn statt. Es begann eine Zeit gemeinsamen Arbeitens, das oft ähnliche Resultate erbrachte. Die Berührung im künstlerischen Bereich währte jedoch nur kurze Zeit: die Gemälde des wesentlich älteren Otto Modersohn blieben letzten Endes der Malerei des 19. Jahrhunderts verhaftet. Sein Werk zeigt, daß nicht nur die Künstlerin Anregungen von ihm aufnahm, sondern daß auch er während der Zeit ihrer Ehe von ihr angeregt wurde. Wenngleich Briefe und Tagebücher beider Ehepartner Unstimmigkeiten, Verärgerung und Verletzung durch den anderen erkennen lassen, so kann die Legende vom verständnislosen Ehemann doch nicht aufrechterhalten werden. Eine gründlichere Auswertung der schriftlichen Zeugnisse Otto Modersohns belegt, daß er als einziger den künstlerischen Rang seiner Frau zu erkennen und zu schätzen wußte. Seine für die damalige Zeit ungewöhnlich liberale Einstellung ermöglichte es, daß Paula Modersohn immer wieder monatelang allein in Paris leben und arbeiten konnte.

Im Juli 1902 faßte Otto Modersohn in Hinblick auf ihre Studie *Knabe mit grasender Ziege* (Abb. 1) genial zusammen, was Malen für seine Frau war: »Malen ist kurz das: sehen, fühlen, machen...«[19]. Ein Jahr später schrieb die Künstlerin aus Paris, was sie unter »machen« verstand: »Da mußt Du alle Mittel dazu am Schnürchen haben, die Technik, die Farbe, die große Form. Dies sind Deine Mittel, und der Zweck ist, Deine Compositionen als Bilder entstehen zu lassen.«[20] Paula Modersohn-Beckers »Machen« erinnert deutlich an das »réaliser«, von dem Cézanne immer wieder spricht. Das Gemälde *Kinder mit Laternen* (Abb. 2) ist

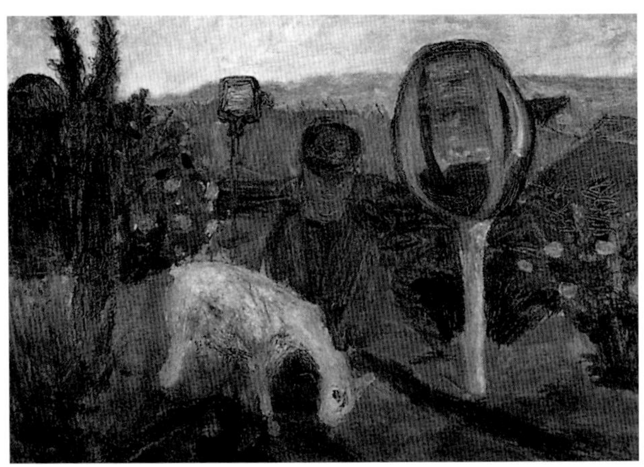

1 *Knabe mit grasender Ziege*, 1902, Öltempera auf Pappe, 50 x 70 cm, Von der Heydt-Museum, Wuppertal

eine Komposition, bei der sie die künstlerischen Mittel »am Schnürchen« hatte, sie zudem in einem ganz neuen Sinn einsetzte. Die Farbflächen sind nach Buntwert, Leuchtkraft und Größe so angeordnet, daß sie den Blick des Betrachters gezielt durch die Komposition führen und ihn die Bewegung der »Laternenkinder« erleben lassen. Sie scheinen mit ihren schwankenden Lichtern eher zu stolpern als zu gehen und kommen dort zum Stehen, wo die beiden Kleinsten in die rote Laterne hineinschauen. Hier nimmt Paula Modersohn-Becker Bildfindungen Paul Klees voraus, der es sich – mehr als zehn Jahre später – zum erklärten Ziel setzte, die Bewegung im Bild zu »ordnen«.

In dem Gemälde *Mädchen im Garten neben Glaskugel (Elsbeth)*, um 1902 (Abb. 3), rückt die Künstlerin das Mädchen in frontaler Ansicht nah an den Betrachter heran und beschränkt sich auf die Wiedergabe der allerwichtigsten Details. Die Elemente des Hintergrunds, der Garten und das in der Glaskugel gespiegelte Haus, sind untereinander und mit dem Mädchen formal so eng verbunden, daß sie zum Attribut des Kindes werden. Bildgegenstand ist somit nicht die Szenerie einer zeitlich fixierbaren Begebenheit, sondern das Kind selbst innerhalb seines häuslichen Bereichs. In den Kinderbildnissen Paula Modersohn-Beckers zeigt sich

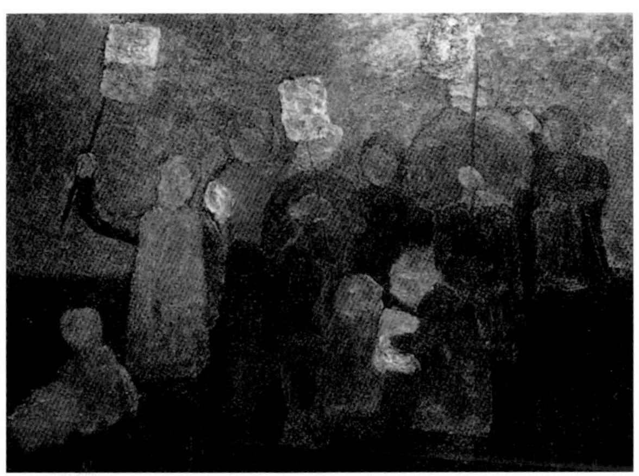

2 *Kinder mit Laternen*, 1901, Öltempera auf Pappe, 38,5 x 52 cm, Privatbesitz, Stuttgart

die veränderte Auffassung vom Kind um die Jahrhundertwende. Man sah es nicht mehr als Repräsentant sozialer Zustände und Ansprüche oder als Statist einer idyllisch-genrehaften Situation, sondern – wie auch die Bilder von Edvard Munch und Käthe Kollwitz belegen – als Wesen mit eigenem, kindlichem Seelenleben. Paula Modersohn-Becker fühlte sich von der Einfachheit und unaufgeweckten Dumpfheit der Worpsweder Bauern- und Armenhauskinder besonders angezogen. Gerade in den Kinderbildnissen realisierte sie, was sie unter dem Begriff des »Intimen« immer anstrebte: die gütige Nähe zum anderen, dem der Freiraum des eigenen Seins belassen wird. In vielen Portraits gibt Paula Modersohn-Becker, angeregt vom Jugendstil, den Kindern oder Erwachsenen Blüten oder Früchte bei. Sie erinnern an die Attribute in mittelalterlichen Heiligendarstellungen und verweisen auf eine mögliche symbolische Sinnschicht, die jedoch immer der formalen Schlüssigkeit des gesamten Bildes untergeordnet bleibt.

Während eines Paris-Aufenthalts im Februar 1903 beschäftigte sich Paula Modersohn-Becker vor allem mit altjapanischer, ägyptischer und antiker Kunst. In der japanischen Malerei fand sie die »Merkwürdigkeit der Dinge« auf eine »kindlichere, treffendere Weise gelöst«[21]. Auch in

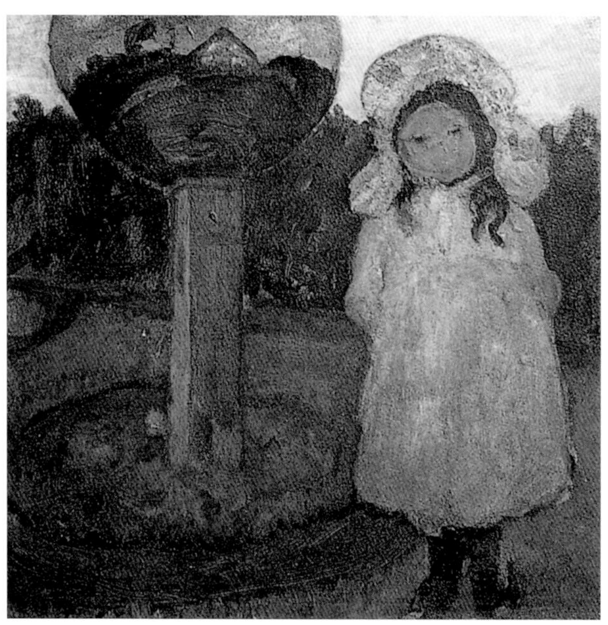

3 *Mädchen im Garten neben Glaskugel (Elsbeth)*, um 1902, Öltempera auf Pappe, 35,7 x 35,7 cm, Privatbesitz

der Aufnahme dieser Anregung folgte sie den Spuren der nachimpressionistischen Maler Frankreichs, die sich auf ihrer Suche nach einer flächigen Darstellungsweise mit der japanischen Malerei auseinandergesetzt hatten.

Die Zeit nach dieser Paris-Reise brachte der Künstlerin zwei neue Bildthemen: Bildnisse von Kleinkindern und Darstellungen von Mutterschaft. Immer wieder forschte sie nach neuen Gestaltungsmöglichkeiten für diese Themen. Auch hier versuchte sie durch Reduzierung und Straffung zeitlich-erzählende und damit persönliche Elemente auszuschalten. Das Verhältnis von Mutter und Kind in diesen Bildern läßt sich mit den üblichen Begriffen »Mutterliebe« oder »Innigkeit« nicht hinreichend beschreiben. Der Kern der Aussage berührt den Betrachter unmittelbar mit der nicht zu übersetzenden Sprache der künstlerischen Mittel. Die dichte Gegenständlichkeit der Bilder Paula Modersohn-Beckers verführt den Betrachter leicht dazu, an ihrer inhaltlichen Außenseite hängenzubleiben. Zum wirklichen Wesen des Bildes gelangt er jedoch erst, wenn er die Phase des gegenständlichen Lesens überwindet und zu einer Auseinandersetzung mit dem bildnerischen Geschehen vordringt. Gerade hier liegt die Ursache dafür, daß das Werk Paula Modersohn-Beckers oft spröde und verschlossen wirkt. »Runenschrift« wollte sie malen; und »Rune« hängt etymologisch mit »Raunen« zusammen, dessen zugrundeliegende Wurzel »Geheimnis« bedeutet.

Während ihrer Paris-Reise im Frühjahr 1905 beschäftigte sie sich mit den »aller-allermodernsten« Malern. Die »Nabis« Vuillard und Denis besuchte sie in deren Atelier. Von Maillol gefielen ihr besonders die kleinen Figuren. Sie sah Retrospektiven von van Gogh und Seurat, »die einen auch nicht klüger machen als zuvor«. Und bei den »Fauves« wußte sie »nicht recht, wo die Schraube wirklich los ist, aber daß sie irgendwo fehlt, empfindet man dunkel«[22]. Das eigentlich zündende Ereignis war wohl eine Gauguin-Ausstellung – die hellere und reinere Farbigkeit in ihren Gemälden sowie ein verstärktes Interesse am Stilleben nach der Paris-Reise sprechen dafür. An der Gattung Stilleben konnte sie ihr Ziel, Formen durch Vereinfachung und Umsetzung in Farbe zu monumentalisieren[23], am direktesten bearbeiten. Wie bei keiner anderen Bildgattung wird hier die Nähe Paula Modersohn-Beckers zu Cézanne greifbar. Viele ihrer Stilleben wirken zunächst fast »altmeisterlich«. Die Dinge, meist aus ihrem alltäglichen Wohn- und Lebensbereich zusammengestellt, wirken klar definiert in ihrer prallen Plastizität und in ihrem räumlichen Verhältnis zueinander und zum umgebenden Raum. Nur bei eingehender Beschäftigung mit dem Bild wird erfaßt, wie sensibel und bewußt die Künstlerin mit Gegenständlichkeit, mit Farbe und Form, mit Bildraum und Bildfläche umgeht. Bei langem Betrachten verliert das räumliche Gefüge allmählich seine Stabilität, ein spannungsreiches Spiel zwischen Volumen und Fläche entsteht. Die bewußt inszenierte Anordnung der Dinge leitet den Blick in die Bildfläche und damit in einen Bildraum hinein, der immer wieder neu definiert werden muß. Bei manchen Stilleben ist es eher die Farbe, die die Blickbewegung führt. In anderen Bildern wird die Dynamik der einzelnen Farben so ausgespielt, daß sich die Ge-

genstände gegeneinander zu verschieben scheinen. Alles geht in einer von Spannung und verhaltener Dynamik erfüllten Stille vor sich. Gerade in den Stilleben führt die Farbe ein eigentümliches Doppelleben. Einerseits wird sie als sinnlich greifbare Oberfläche der Gegenstände erlebt, andererseits scheint sie sich von den Gegenständen zu lösen und als selbständige Farbform ihre Wirksamkeit zu entfalten.
Das Leben in Worpswede nach dem Paris-Aufenthalt von 1905 wurde für Paula Modersohn-Becker zunehmend schwieriger. Es gab häusliche Spannungen, die auch daher rührten, daß ihr Verlangen nach mehr Kunst und mehr »Welt« in Worpswede nicht gestillt wurde. Verständnis fand sie allein bei Rainer Maria Rilke und seiner Frau Clara Rilke-Westhoff. Die beiden unterstützten ihren Plan, Worpswede für immer zu verlassen. Am 23. Februar 1906 brach sie auf, um in Paris ein neues Leben zu beginnen.
Die neu errungene innere und äußere Autonomie findet Ausdruck in ihrem außergewöhnlichsten Selbstportrait, *Selbstbildnis am 6. Hochzeitstag*, 25. Mai 1906 (Taf. 25). Das ist unerhört und neu: Eine Künstlerin stellt sich selbst nackt dar und zeigt sich in Erwartung eines Kindes, ohne schwanger zu sein. Eigentümlich sind auch die Gesten der Hände, das immateriell leuchtende blaue Tuch um die Lenden, die diffuse Farbigkeit überhaupt und schließlich die Inschrift: »Dies malte ich mit 30 Jahren an meinem 6. Hochzeitstag P.B.« (Die Initialen stehen für *P*aula *B*ecker).
Paula Modersohn-Becker gehört zu denjenigen Künstlerinnen bzw. Künstlern, die sich häufig selbst darstellten. Der Blick in den Spiegel und die Auseinandersetzung mit dem Spiegelbild auf der Leinwand mögen für sie ein Erforschen der eigenen Person bedeutet haben. Jedes ihrer zahlreichen Selbstbildnisse darf als Meilenstein auf dem Weg der Selbsterfahrung verstanden werden, den sie so konsequent beschritt, daß sie sich aus innerer Sicherheit und Lebenskraft heraus ungeschützt in ihrer fraulichen Nacktheit darzustellen vermochte. Ein Brief an Rainer Maria Rilke kurz vor ihrer Abreise endete mit den Worten: »Und nun weiß ich gar nicht wie ich mich unterschreiben soll. Ich bin nicht Modersohn und ich bin auch nicht mehr Paula Becker. Ich bin

Ich

und hoffe, es immer mehr zu werden.

Das ist wohl das Endziel von allem unserm Ringen.«[24]

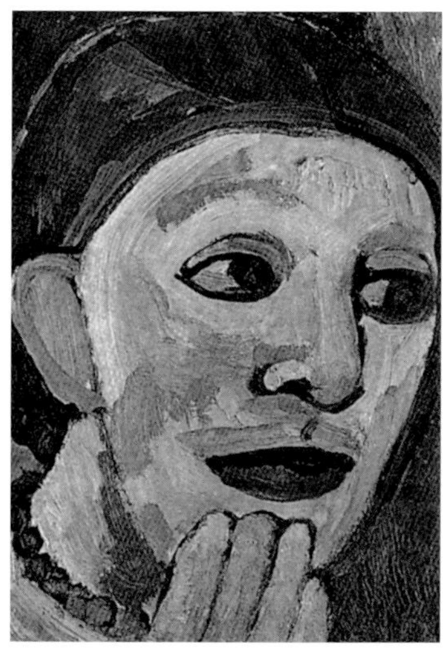

4 *Selbstbildnis,* 1906/1907,
Öltempera auf Papier auf Pappe, 26,5 x 18,5 cm
Privatbesitz, Dortmund

Für Otto Modersohn bedeutete Paulas Weggehen einen schweren Schlag. Großzügig unterstützte er sie jedoch mit monatlichen Geldsendungen. Die Künstlerin stürzte sich tief in die Arbeit, sie begann, nachdem sie die vergangenen Jahre über die »Netze ausgeworfen« hatte, nun auch den »Fischzug zu tun«[25]. Die Erfahrungen der vergangenen Jahre trug sie zusammen und verschweißte sie zu eindrücklichen Portraits, Kinderbildern und Mutter-Kind-Darstellungen. In ihrer wie gemeißelt wirkenden Knappheit rücken manche ihrer Portraits in die Nähe vorkubistischer Arbeiten von Picasso. Eine tief leuchtende Farbigkeit in kühnen, streng verklammerten Kontrasten führt Partien einiger Bilder an die Grenze zur abstrakten Malerei *(Knieende Mutter mit Kind,* 1907; Taf. 35, und Abb. 4). Bei anderen hingegen erinnert eine farbenfrohe naive Sinnlichkeit an den Umkreis von Malern wie Henri Rousseau. Selbstbildnisse verknappen zur Chiffre.

Neben dem freien Schaffen im eigenen Atelier nahm Paula Modersohn-Becker wieder an Zeichenkursen in der Akademie Julian und an Anatomiekursen der Ecole des Beaux-Arts teil. In die Skizzenbücher zeichnete sie Akte und Entwürfe zu figürlichen Kompositionen. Hatte schon die Farbwahl früherer Bilder den Schluß nahegelegt, daß sie bewußt nach

Farbharmonien suchte, so belegt eine Skizze des Delacroix'schen Farbdreiecks von 1906, daß sie sich auch theoretisch mit Farbsystemen auseinandersetzte.

Zu Pfingsten 1906 besuchte Otto Modersohn seine Frau, und sie vereinbarten, daß sie ab Herbst noch einmal ein Zusammenleben in Paris erproben würden. Am 3. September bat Paula Modersohn-Becker ihren Mann um endgültige Trennung, wenige Tage später widerrief sie den Entschluß. Ein Freund, der Bildhauer Bernhard Hoetger, hatte sie dazu bewogen. Er hatte erkannt, daß sie weder physisch noch psychisch in der Lage war, auf Dauer alleinstehend ihren Lebensunterhalt zu verdienen. Und von ihren Bildern konnte sie nicht leben. So kam Otto Modersohn nach Paris, und sie verbrachten einen gemeinsamen »köstlichen, harmonischen«[26] Winter 1906/1907. Otto Modersohn verzichtete weitgehend auf eigenes Malen, um seiner Frau ein ungestörtes Arbeiten zu ermöglichen. Als das Ehepaar an Ostern 1907 nach Worpswede zurückkehrte, erwartete Paula Modersohn-Becker ein Kind.

In den Sommermonaten 1907 war sie erfüllt von der neuen, so lang ersehnten Aufgabe. Es entstanden wenige Arbeiten, aber diese sind von ungeheurer Dichte, in Farbe, Form und Aussage. An Bernhard Hoetger schrieb sie: »Ich habe diesen Sommer wenig gearbeitet und von dem wenigen weiß ich nicht, ob Ihnen etwas gefallen wird. In der Konzeption bleiben die Sachen wohl im ganzen gleich. Aber die Art, wie sie in die Erscheinung treten, ist wohl eine andere. Ich möchte das Rauschende, Volle, Erregende der Farbe geben, das Mächtige. Meine Pariser Arbeiten sind zu kühl und zu einsam und leer. Sie sind die Reaktion auf eine unruhige oberflächliche Zeit und streben nach einfachem großen Eindruck.«[27]

Offenbar ist es der Künstlerin bewußt, daß sich ihre Bilder verändert haben, und daß es die Farbe ist, die diese Veränderung bewirkt. Die Farbe bleibt verbunden mit einer dichten, sinnlich wirkenden Malmaterie, gewinnt aber ein neues, noch intensiveres Leuchten. Tiefe farbige Dunkelheit wird gegen, oft »vor« diffuse Helligkeit gesetzt. Auf diese Weise entsteht der Eindruck einer Räumlichkeit, die einer anderen – »jenseitigen« – Dimension anzugehören scheint. Entsprechend transformieren sich die dargestellten Gestalten. Die *Alte Armenhäuslerin mit der Glas-*

flasche, 1907 (Taf. 36), rückt mit ihren Mohnblüten und Mohnkapseln in eine geheime, magische Welt, in die Nähe von »Erdmüttern« und »Fruchtbarkeitsgöttinnen«. Wie aus dem Irdischen herausgelöst und doch völlig präsent sitzt die *Alte Bäuerin*, 1907 (Taf. 37), tief nach innen schauend, in der Gebärde der Demut vor dem hellen Scheinen des ornamentalen Blatthintergrunds.
In einem ihrer letzten Selbstbildnisse, dem *Selbstbildnis mit Kamelienzweig*, wohl Frühjahr 1907 (Taf. 40), stellt sich Paula Modersohn-Becker in der Art eines ägyptischen Mumienportraits dar. Diese Portraits wurden gewöhnlich schon zu Lebzeiten der betreffenden Person gemalt. Sie sollten, eingewickelt über dem Gesicht der Mumie, die Gesichtszüge des Verstorbenen bewahren, damit er nach seinem Tod als individuelles Wesen weiterleben könne. Anders als in den ägyptischen Portraits bezieht die Künstlerin in diesem Selbstbildnis ihre Büste mit ein. Auf deren erdfarbene Wärme und Nähe wird der Blick des Betrachters zunächst gezogen. Dann leitet ihn der grüne Kamelienzweig, Sinnbild des Lebens und Werdens, nach oben in die Region des leuchtenden Blaus, das stofflich und immateriell zugleich wirkt. Vor diesem Blau erscheint das Gesicht noch dunkler verschattet. Das Weiß der Augen nimmt das Leuchten des Himmels auf und transformiert es in ein tiefes, von innen heraufsteigendes, fernes Lächeln – als ob sich Paula Modersohn-Becker mit diesem Bild verabschiede ...
Am 20. November 1907, wenige Wochen nach der Geburt ihrer Tochter Mathilde, starb Paula Modersohn-Becker plötzlich an einer Embolie.

Anmerkungen

1 21.2.1907; *Paula Modersohn-Becker in Briefen und Tagebüchern.* Hg. von Günter Busch und Liselotte von Reinken, Frankfurt a.M. 1979, S. 467 (im folgenden abgekürzt: BT)

2 An Milly Rohland-Becker, 6.12.1905; BT S. 426

3 *Eine Künstlerin, Paula Modersohn-Beckers Briefe und Tagebücher.* Hg. im Auftrag der Kestner-Gesellschaft e.V. Hannover von S.D. Gallwitz, Bremen 1917

4 Vor dem 18. Mai 1896; BT S. 81 f.

5 An die Eltern, 23.4.1896; BT S. 79 f.

6 An die Eltern, 10.12.1897; BT S. 110.

Jeanne Bauck war eine Lehrerin an Paula Beckers Berliner Zeichen- und Malschule.

7 Brief an den Vater vom 30.1.1898; BT S. 118

8 An die Eltern, März/April 1898; BT S. 123

9 An die Eltern, 20.2.1897; BT S. 93

10 Sommer 1907 an Bernhard Hoetger; BT S. 473

11 An den Bruder Kurt Becker, 26.4.1895; BT S. 65

12 Tagebucheintrag vom 19.1.1899; BT S. 151

13 An Kurt Becker, Juni 1899; BT S. 164

14 1.10.1902; BT S. 328

15 An Clara Rilke-Westhoff, 21.10.1907; BT S. 475

16 An Helene und Otto Modersohn, Anfang Mai 1900; BT S. 222

17 Ebda.

18 Für Delacroix werden die Farben bei bedecktem Himmel in ihrem Buntwert bewahrt und von starken Aufhellungen und Verschattungen freigehalten. S. L. Dittmann: *Farbgestaltung und Farbtheorie in der abendländischen Malerei.* Darmstadt 1987, S. 262. Paul Klee schrieb im Juni 1917 in sein Tagebuch: »An Phänomenen reicher als ein sonniger Tag ist die diffuse Helligkeit leichter Verschleierung. Dünne Nebelschicht kurz vor Durchbruch des Gestirns. Abmalen läßt sich das schwer, weil der Moment so flüchtig ist. Es muß in die Seele dringen.« *Tagebücher von Paul Klee 1898–1918.* Hg. von Felix Klee, Köln 1957, Neuaufl. 1979, Nr. 1081, S. 382

19 9.7.1902; nach BT S. 326

20 18.2.1903; BT S. 340 f.

21 Tagebuchnotiz vom 15.2.1903; BT S. 337 f.: »Ich sah heute eine Ausstellung altjapanischer Malereien und Skulpturen. Mich packte die große Merkwürdigkeit dieser Dinge. Mir erscheint unsere Kunst noch viel zu konventionell. Sie drückt sehr mangelhaft jene Regungen aus, die unser Inneres durchziehen. Das scheint mir in der altjapanischen Kunst mehr gelöst. Der Ausdruck des Nächtlichen, des Grauenhaften, des Lieblichen, Weiblichen, des Koketten, alles dies scheint mir auf eine kindlichere, treffendere Weise gelöst zu sein als wir es tun würden.«

22 An Otto Modersohn, 22.3.1905; BT S. 412

23 Vgl. Peter J. Harke: *Stilleben von Paula Modersohn-Becker*, Lilienthal 1985, S. 98

24 17.2.1906; BT S. 434

25 Vgl. Tagebuchnotiz vom 2.5.1902; BT S. 319

26 So Otto Modersohn in einem Brief an Gustav Pauli vom 19.6.1919, abgedruckt in: Christa Murken-Altrogge: *Paula Modersohn-Becker. Leben und Werk*, Köln 1980, S. 117

27 Sommer 1907; BT S. 473

Tafeln

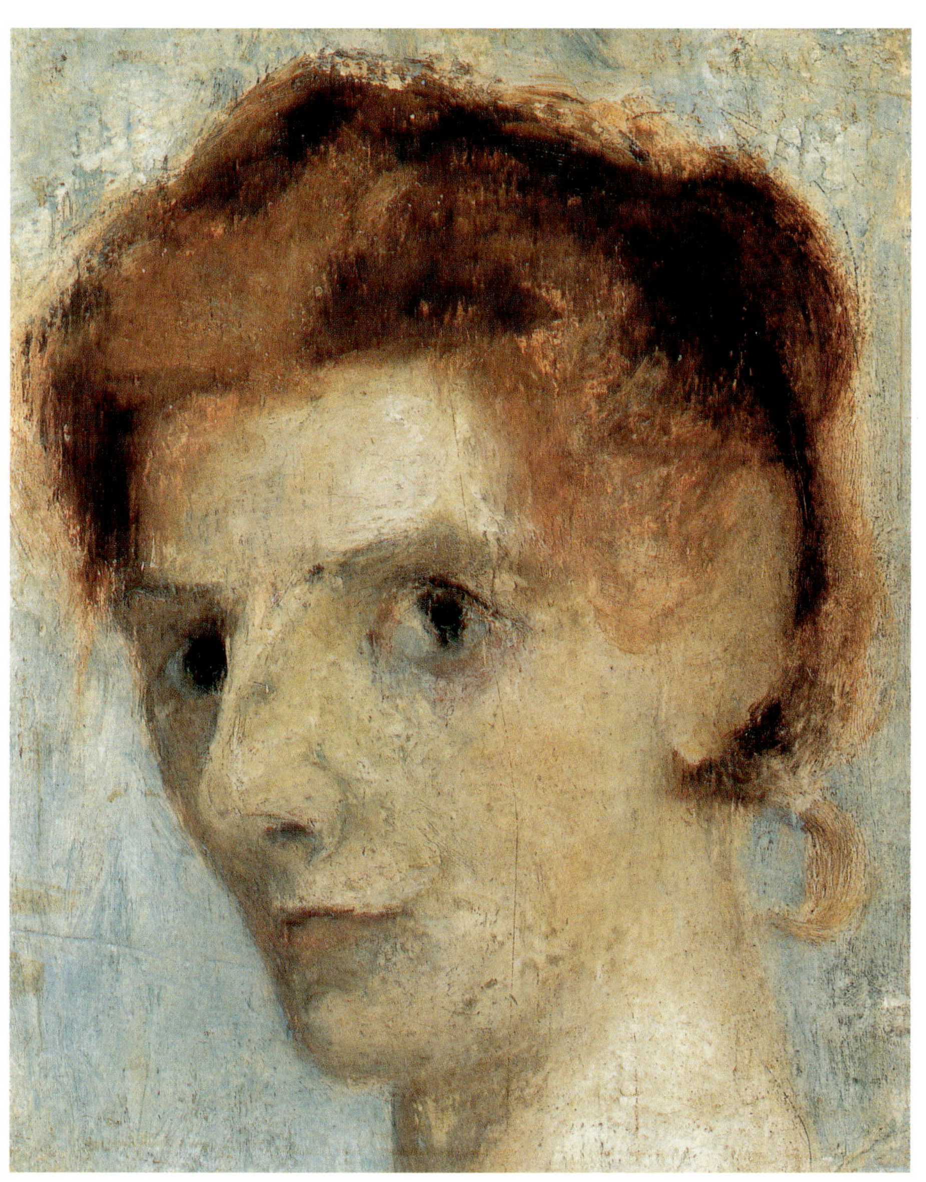

1 *Selbstbildnis* 1898
Öl auf Pappe, 28,2 x 23 cm
Kunsthalle Bremen

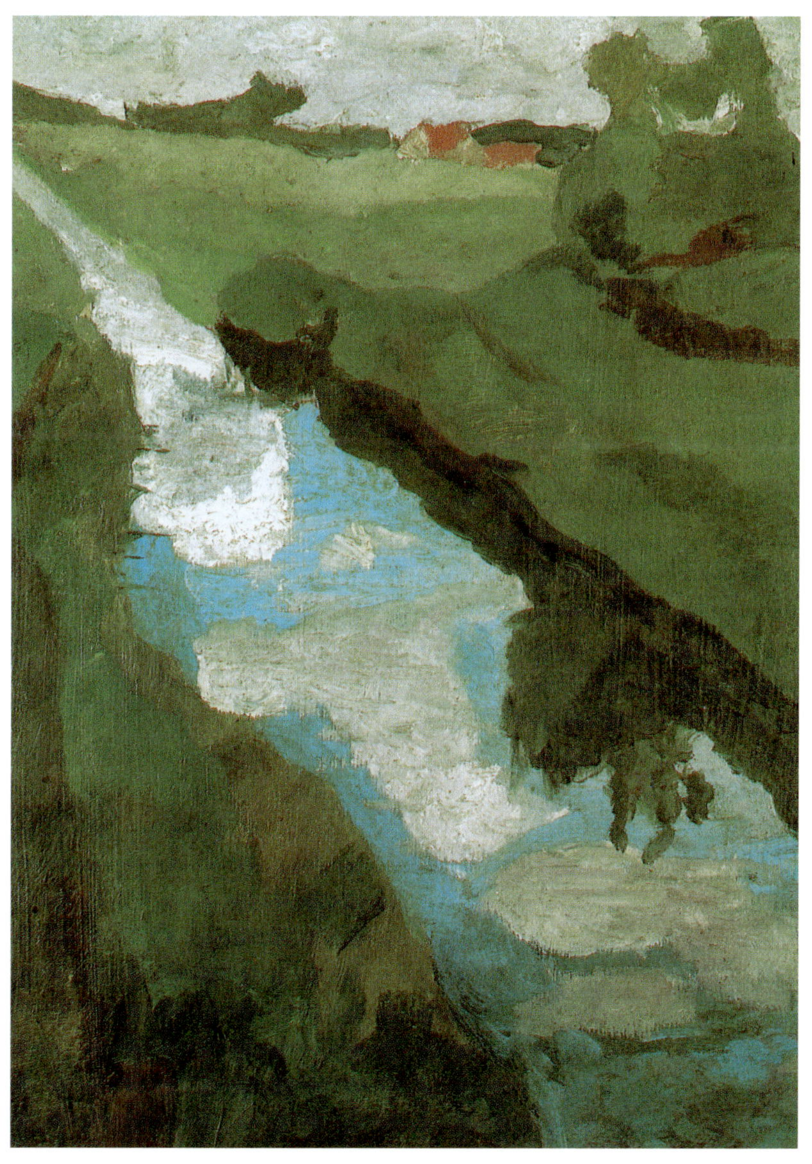

2 *Moorgraben* um 1900/1902
Öltempera auf Leinwand, 54,1 x 33 cm
Privatbesitz

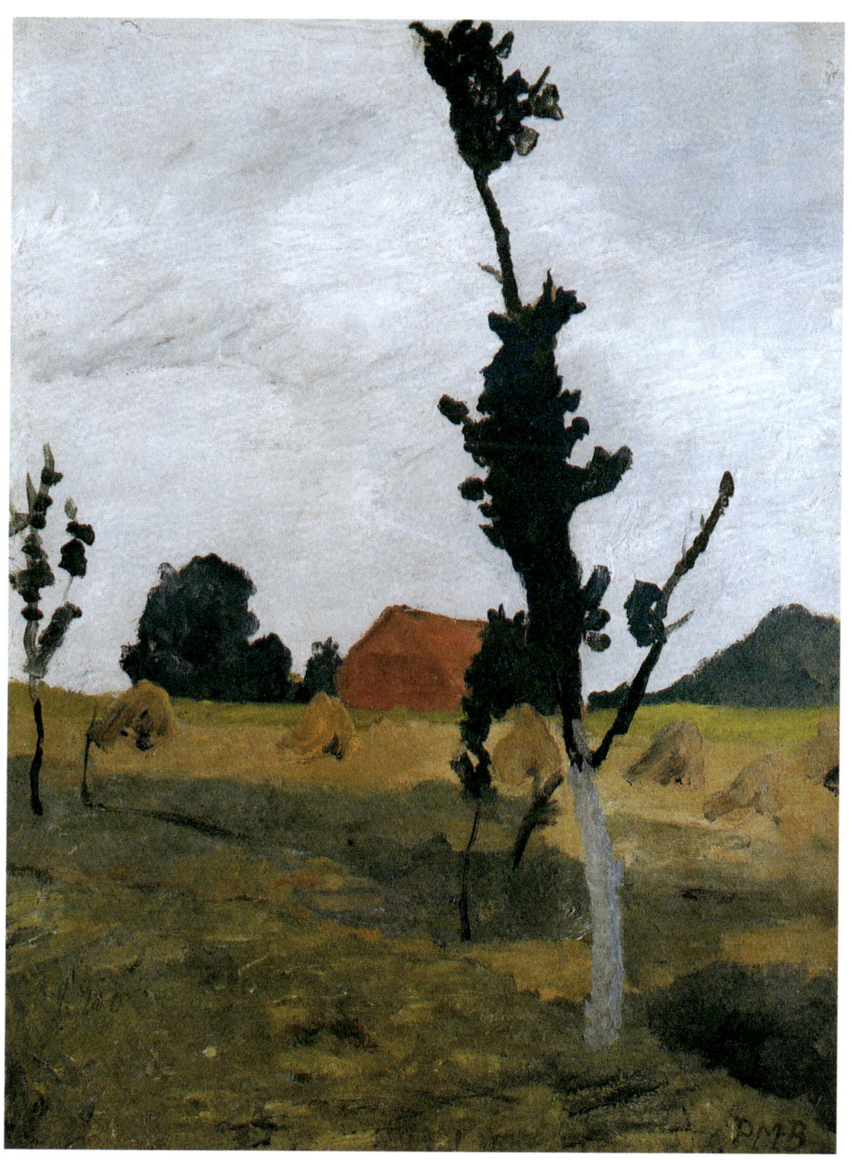

3 *Worpsweder Landschaft* 1900
Öl auf Pappe, 53 x 40,4 cm
Niedersächsisches Landesmuseum, Hannover

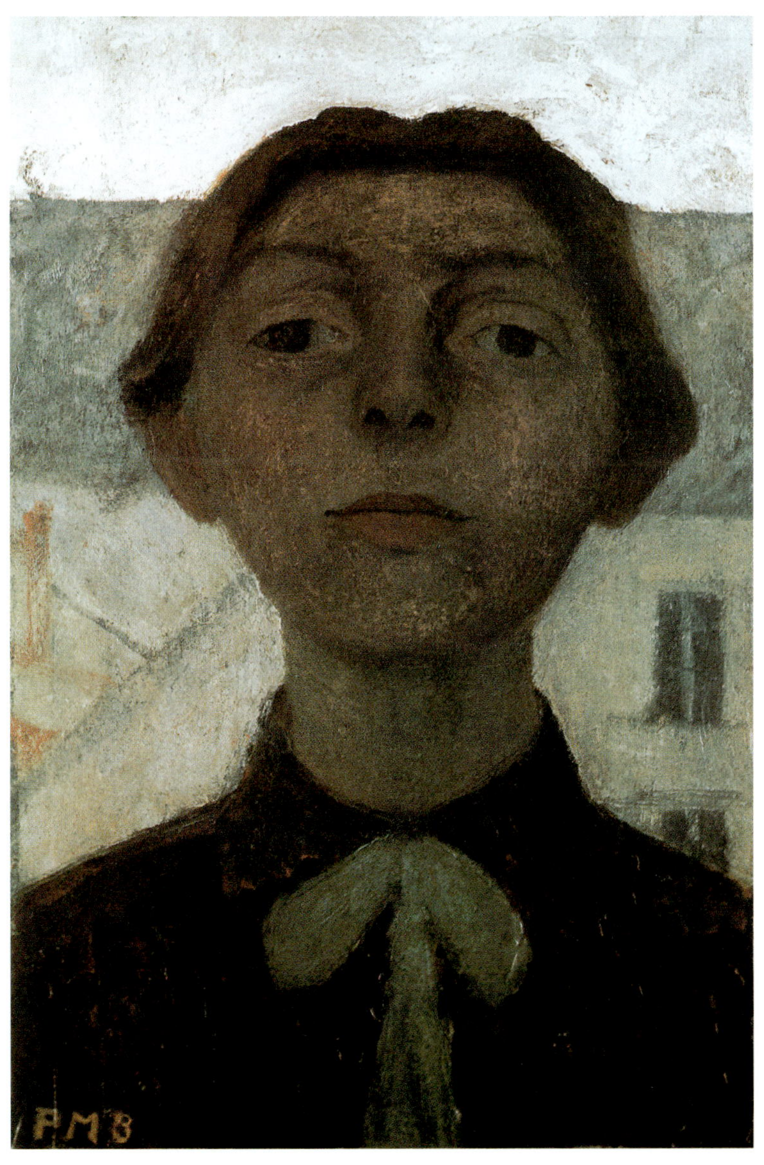

4 *Selbstbildnis – Pariser Häuser im Hintergrund* 1900
Öl auf Papier auf Leinwand, 38 x 35,5 cm
Privatbesitz, Bremen

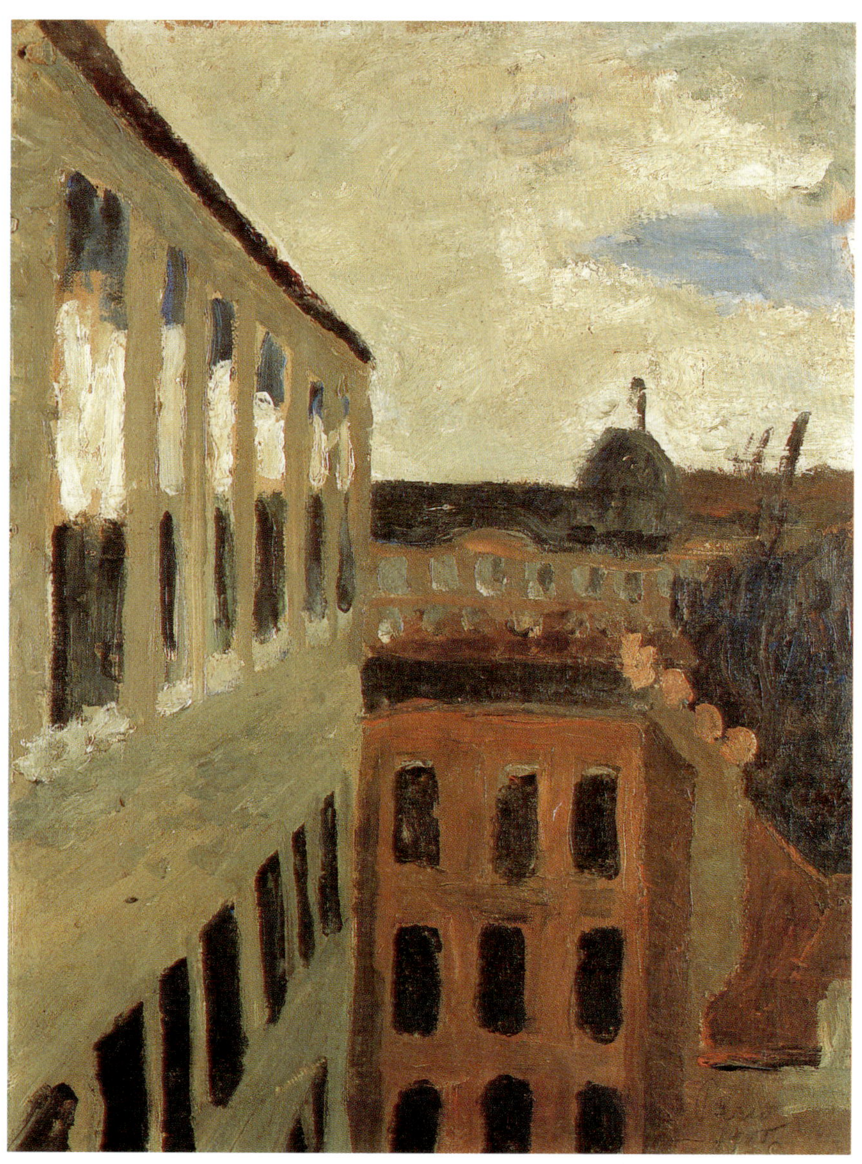

5 *Blick aus dem Atelierfenster der Künstlerin in Paris* 1900
Öl auf Pappe, 48,7 x 37,3 cm
Kunsthalle Bremen

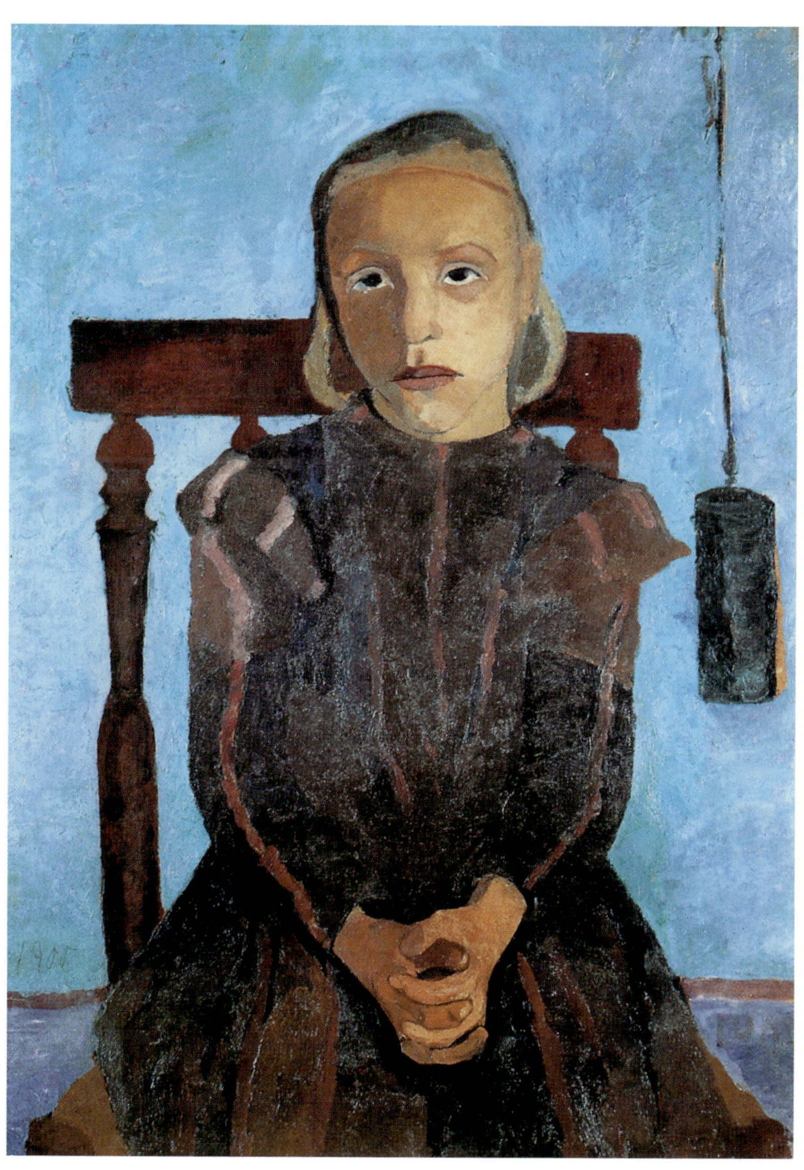

6 *Mädchen mit Uhrgewicht* 1900
Öl auf Pappe, 72 x 51,5 cm
Staatsgalerie Stuttgart

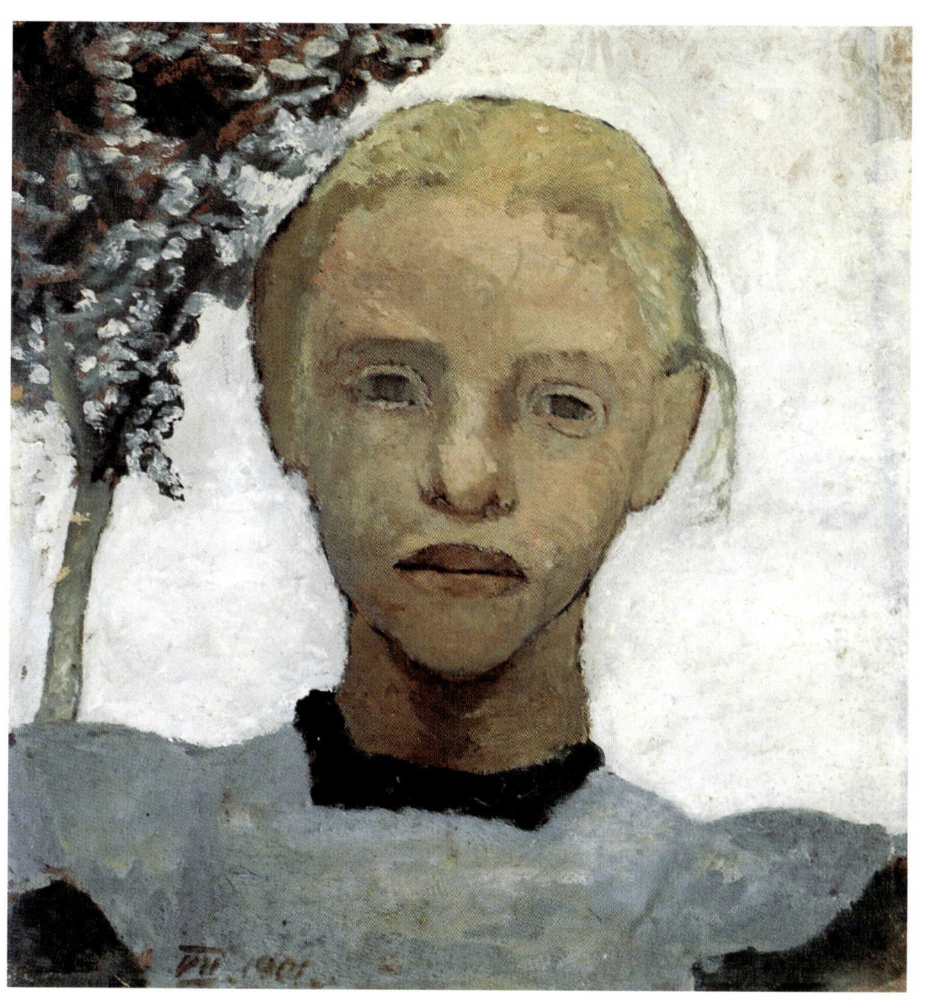

7 *Bildnis eines kranken Mädchens* 1901
Öltempera auf Leinwand auf Pappe, 35 x 33 cm
Landesmuseum für Kunst und Kulturgeschichte, Münster

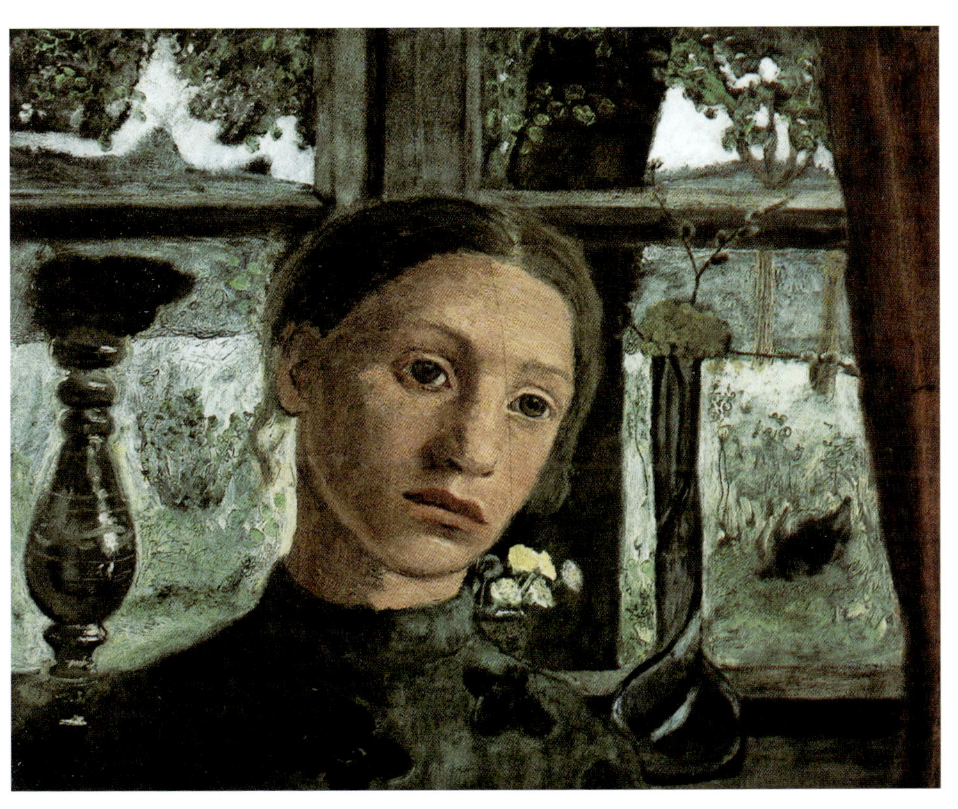

8 *Mädchen vorm Fenster* 1902/1903
Öl auf Schiefer, 39,3 x 49,5 cm
Privatbesitz

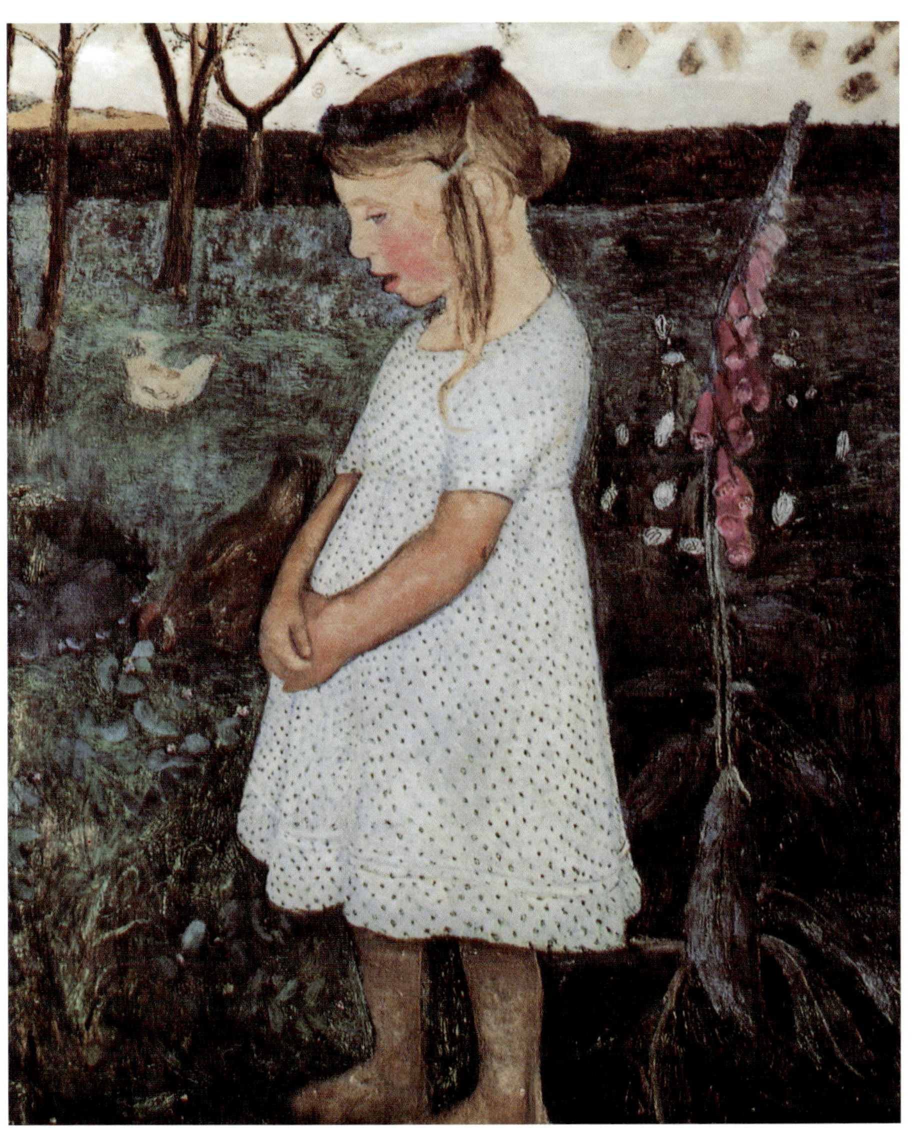

9 *Elsbeth* 1902
Öltempera auf Pappe, 89 x 71 cm
Ehemals Sammlung Roselius, Bremen

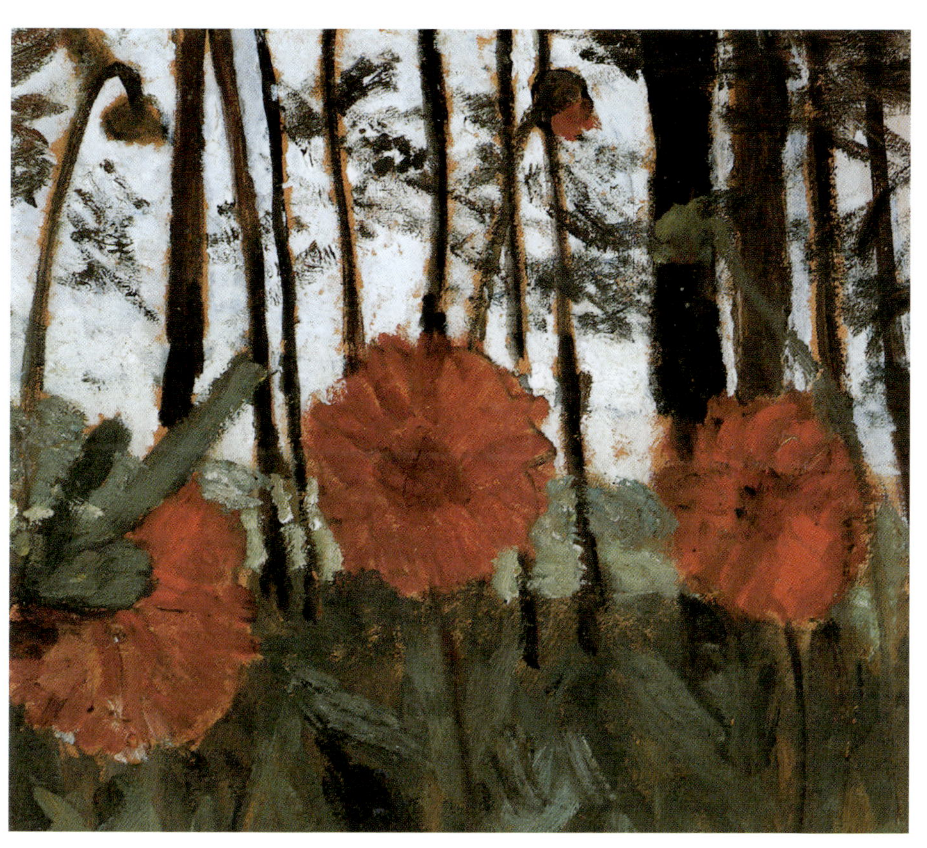

10 *Mohnblumen am Waldrand* um 1902
Öltempera auf Pappe, 29,8 x 33,7 cm
Staatliche Kunstsammlungen, Kassel

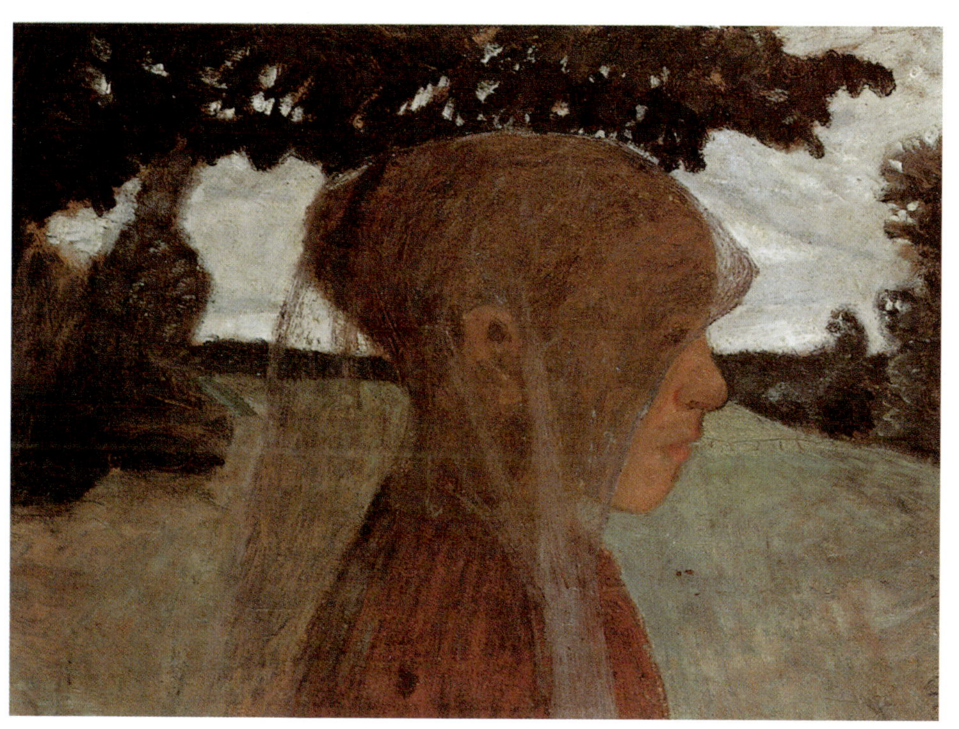

11 *Mädchen mit Schleier* 1903/1904
Öl auf Pappe, 38 x 49,7 cm
Privatbesitz, München

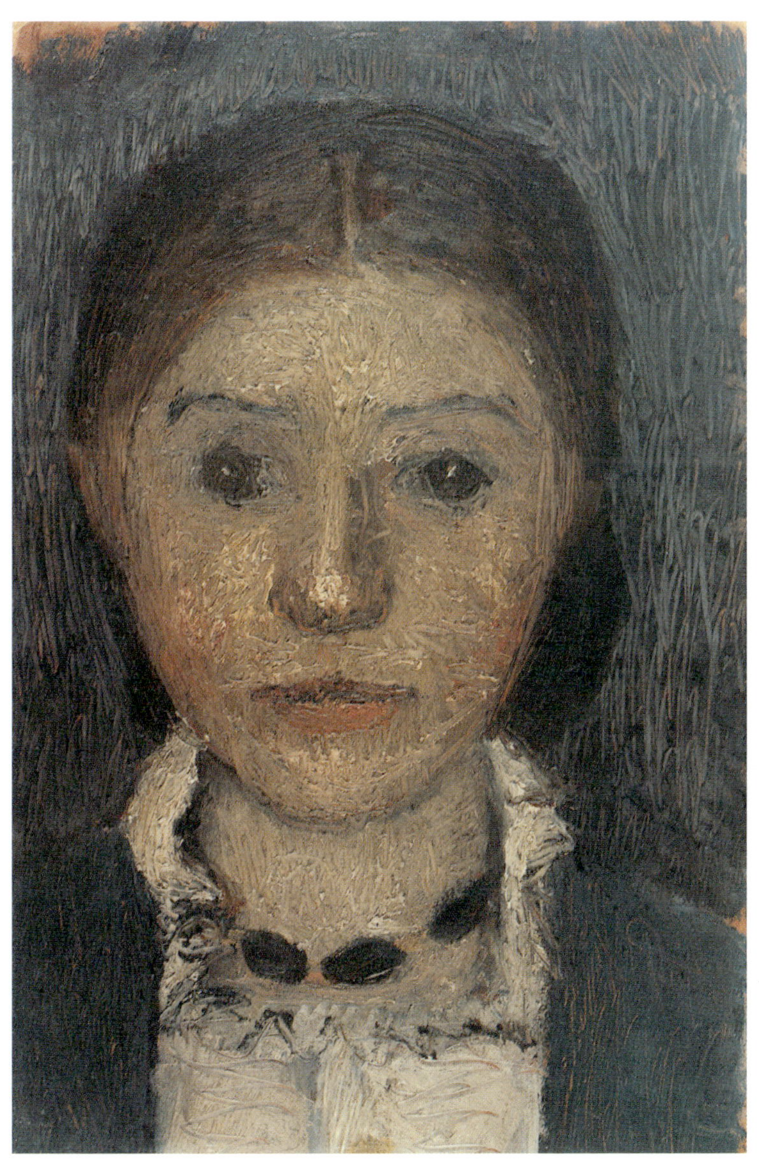

12 *Selbstbildnis mit Kette* 1903
Öl auf Pappe, 31,5 x 25,5 cm
Kunsthalle Bremen

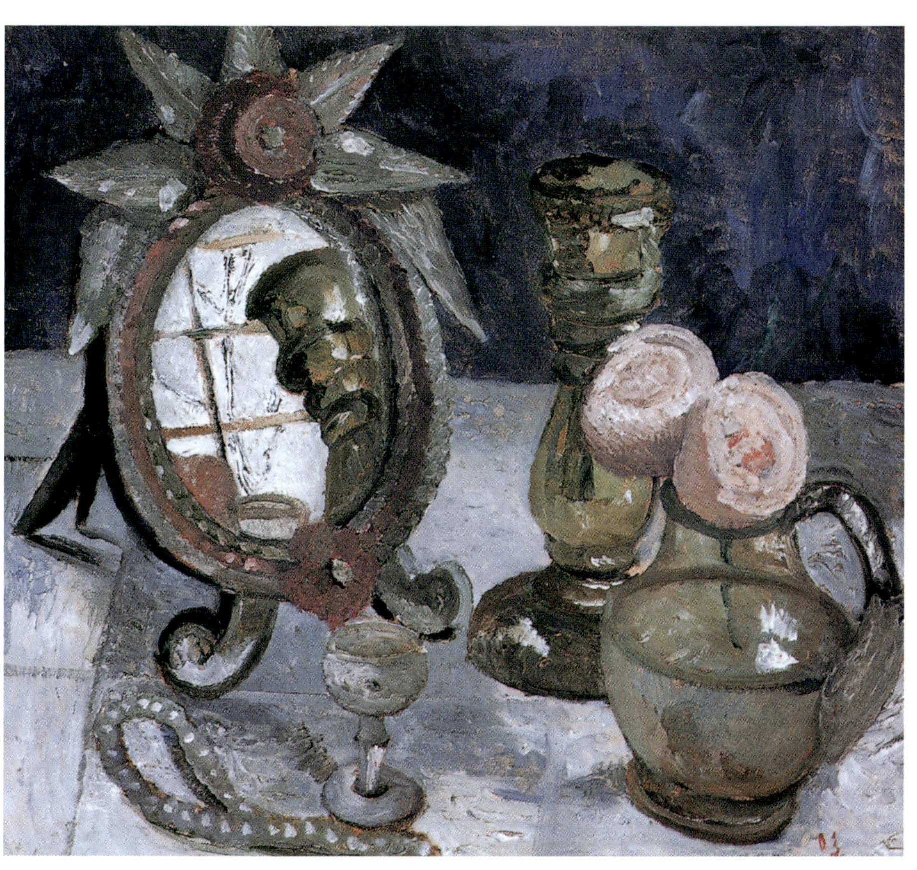

13 *Stilleben mit venezianischem Spiegel* 1903
Öl auf Pappe, 46,5 x 49,2 cm
Privatbesitz

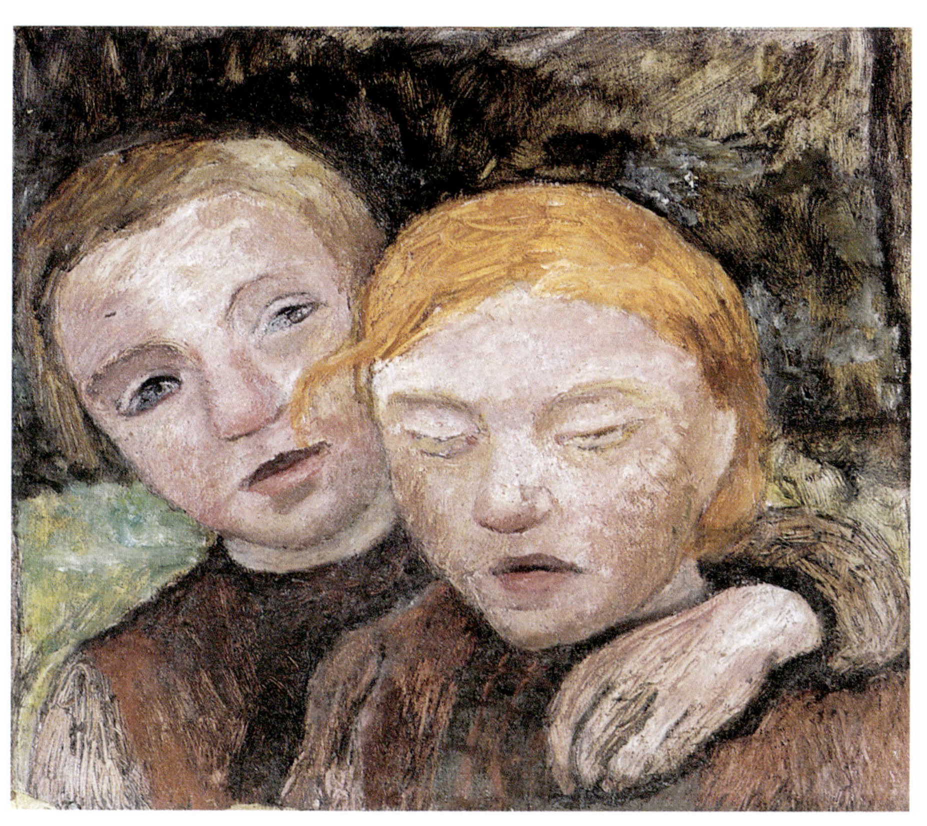

14 *Das blinde Schwesterchen* um 1903
Öltempera auf Pappe, 32,5 x 34 cm
Museum Ludwig, Köln

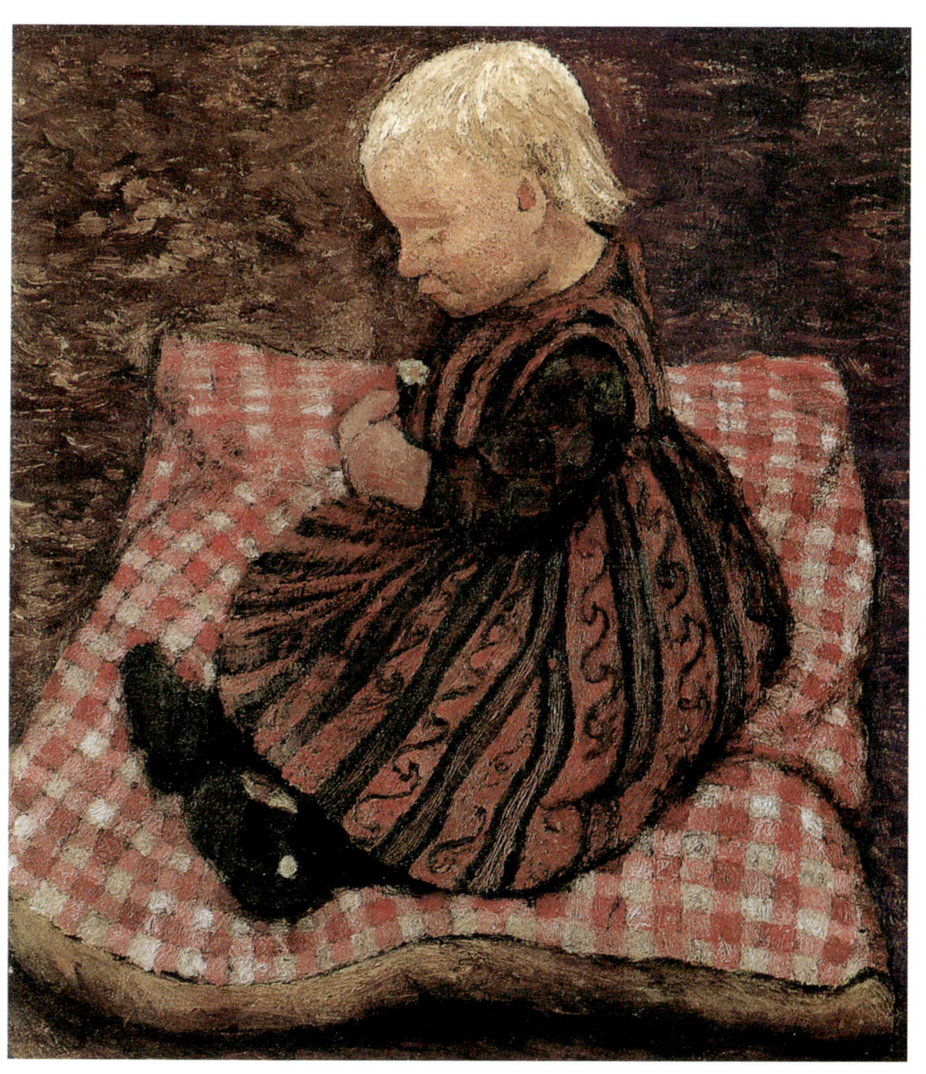

15 *Kind auf rotgewürfeltem Kissen* um 1904
Öltempera auf Leinwand, 66,7 x 58 cm
Ehemals Sammlung Roselius, Bremen

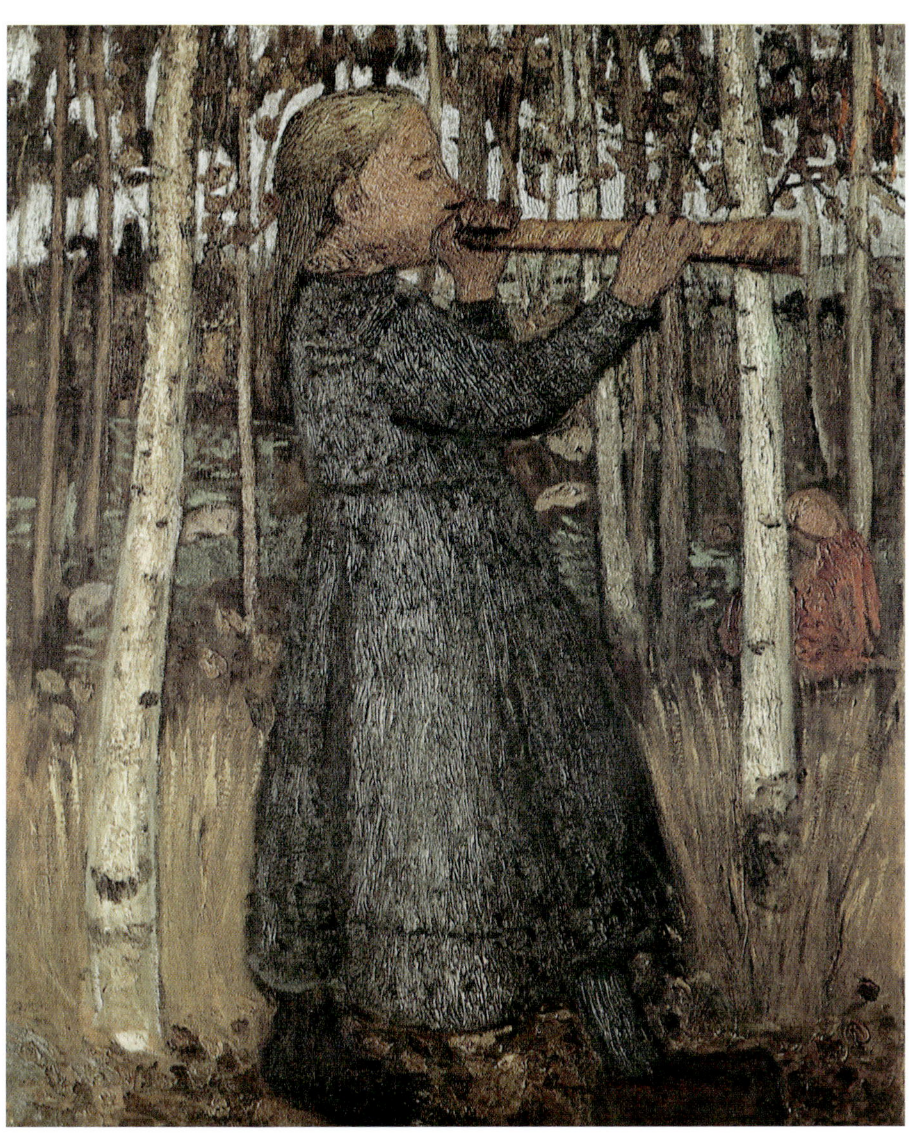

16 *Blasendes Mädchen im Birkenwald* 1905
Öltempera auf Leinwand, 110,4 x 90,2 cm
Ehemals Sammlung Roselius, Bremen

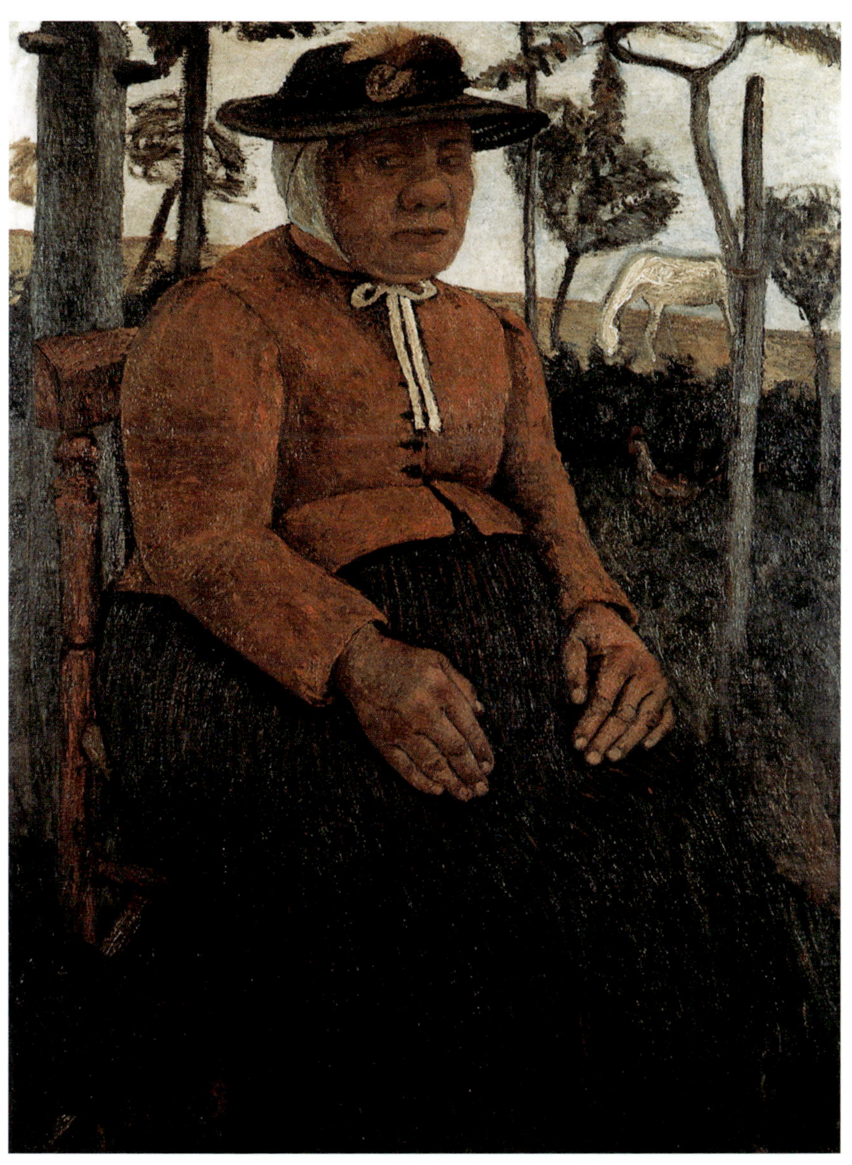

17 *Alte Armenhäuslerin* um 1905
Öl auf Leinwand, 126 x 95 cm
Von der Heydt-Museum, Wuppertal

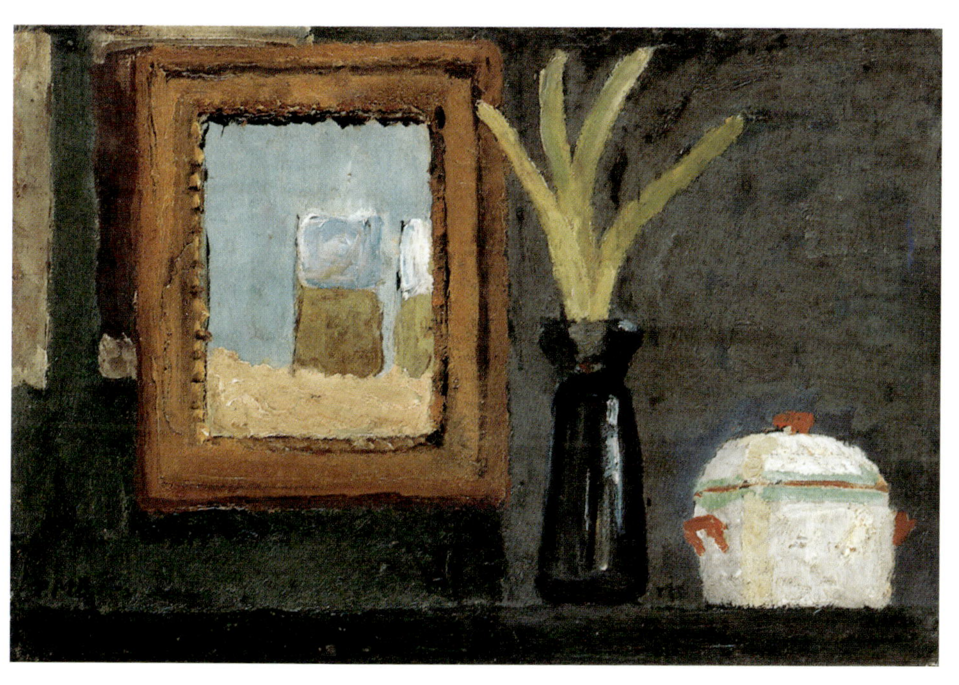

18 *Stilleben mit Zuckerdose und Hyazinthglas* um 1904
Öl auf Pappe auf Holz, 35,5 x 51,5 cm
Kunsthalle Bremen

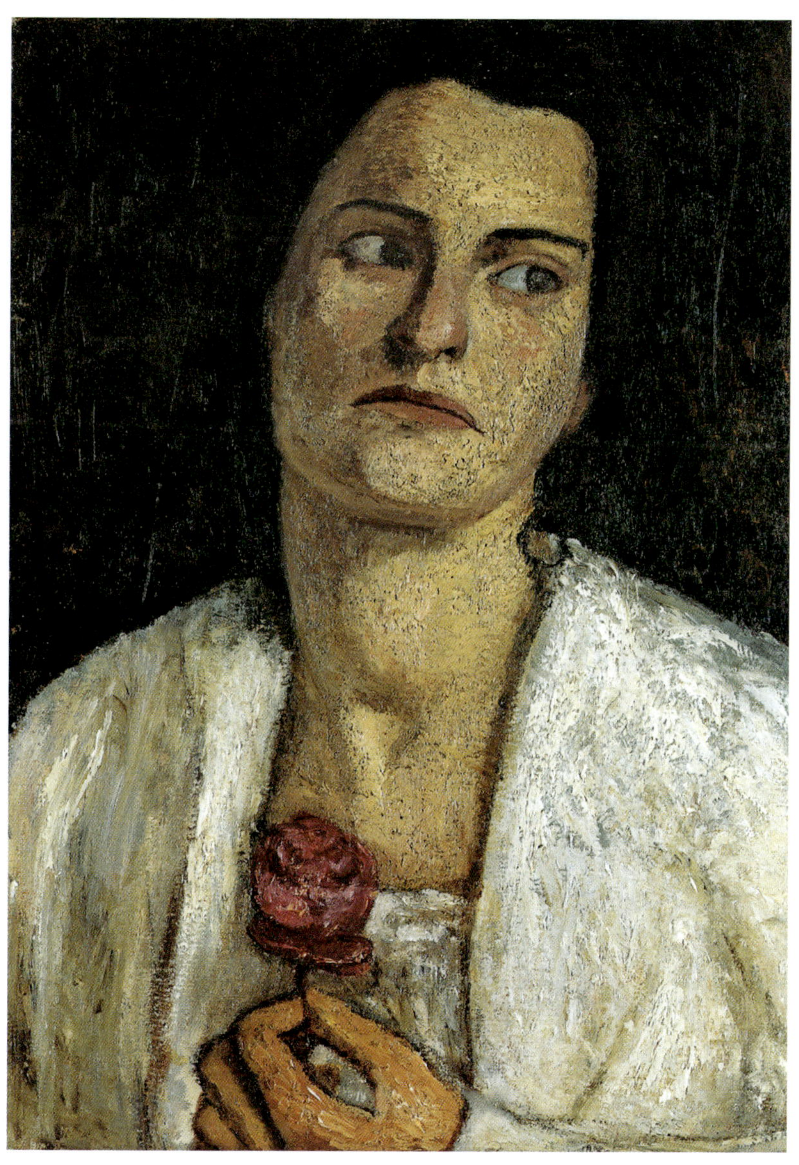

19 *Bildnis Clara Rilke-Westhoff* 1905
Öltempera auf Leinwand, 50 x 36 cm
Kunsthalle Hamburg

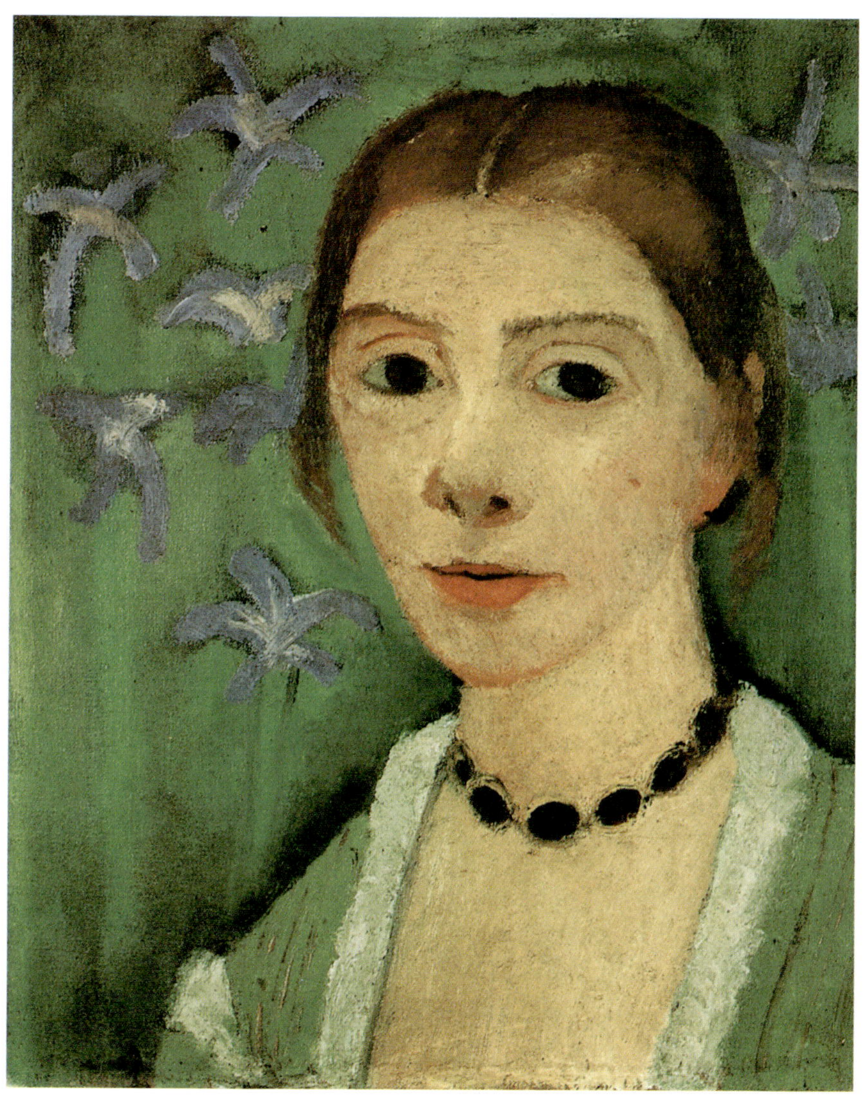

20 *Selbstbildnis vor grünem Hintergrund mit blauer Iris* 1905/1906
Öl auf Leinwand, 40,7 x 34,5 cm
Privatbesitz

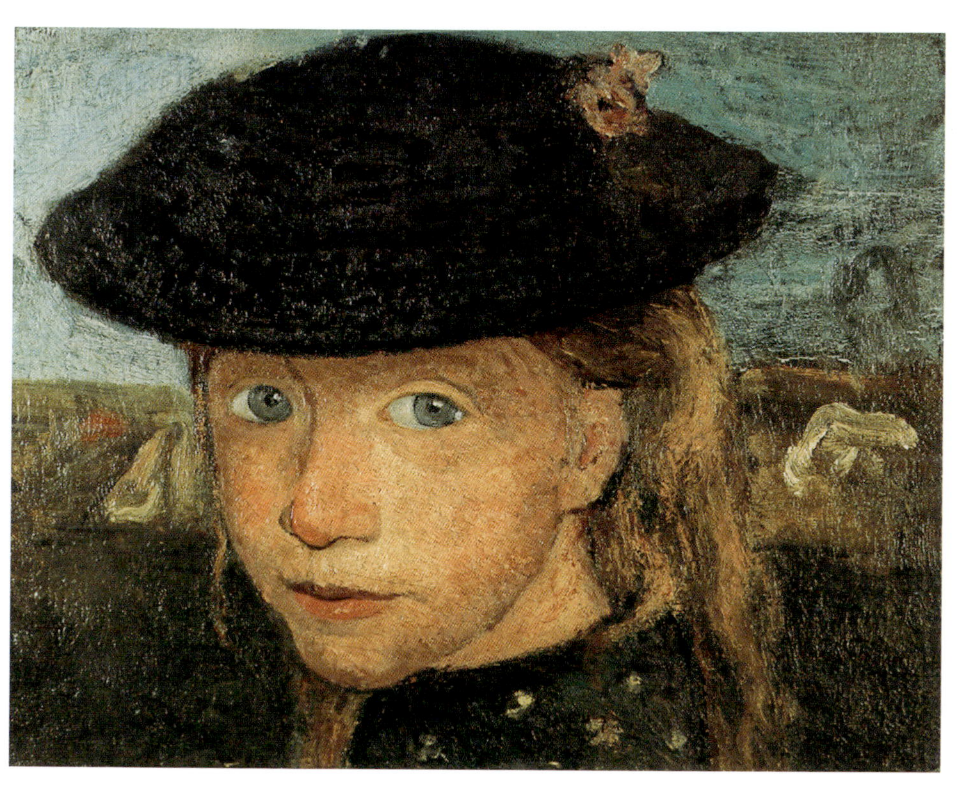

21 *Kopf eines kleinen Mädchens mit Strohhut* um 1905
Öl auf Leinwand, 27 x 33 cm
Von der Heydt-Museum, Wuppertal

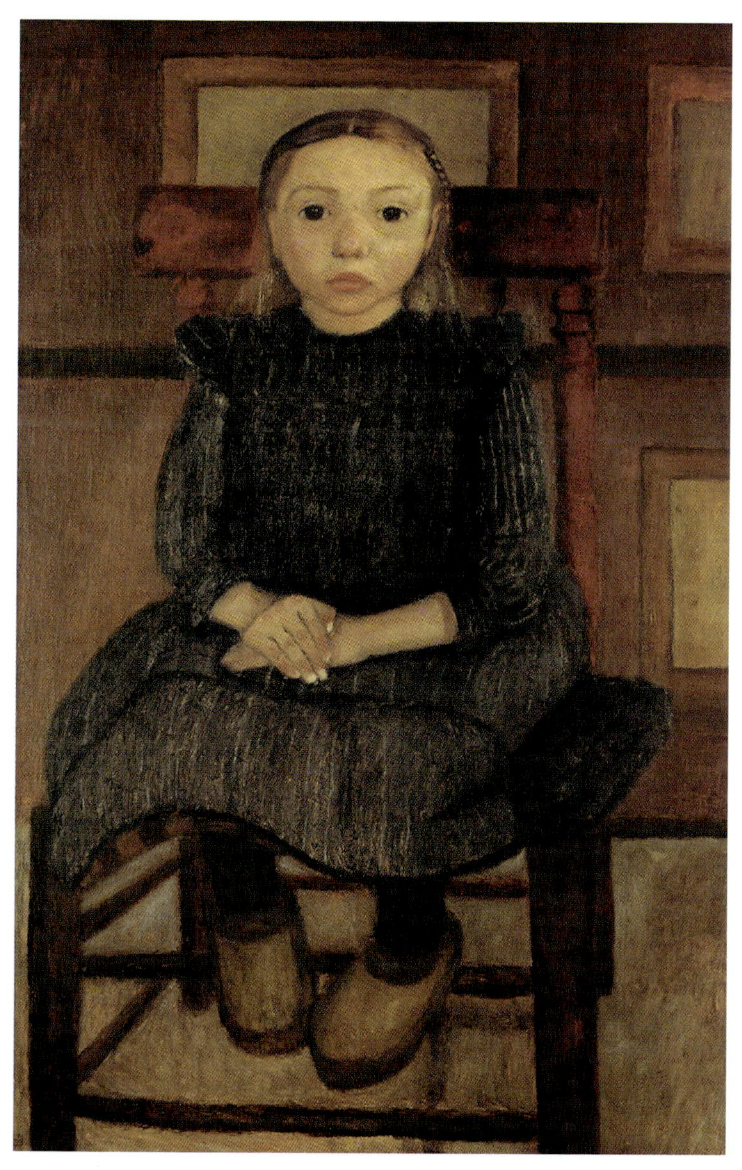

22 *Worpsweder Bauernkind auf dem Stuhl* 1905
Tempera auf Leinwand, 91 x 61 cm
Kunsthalle Bremen

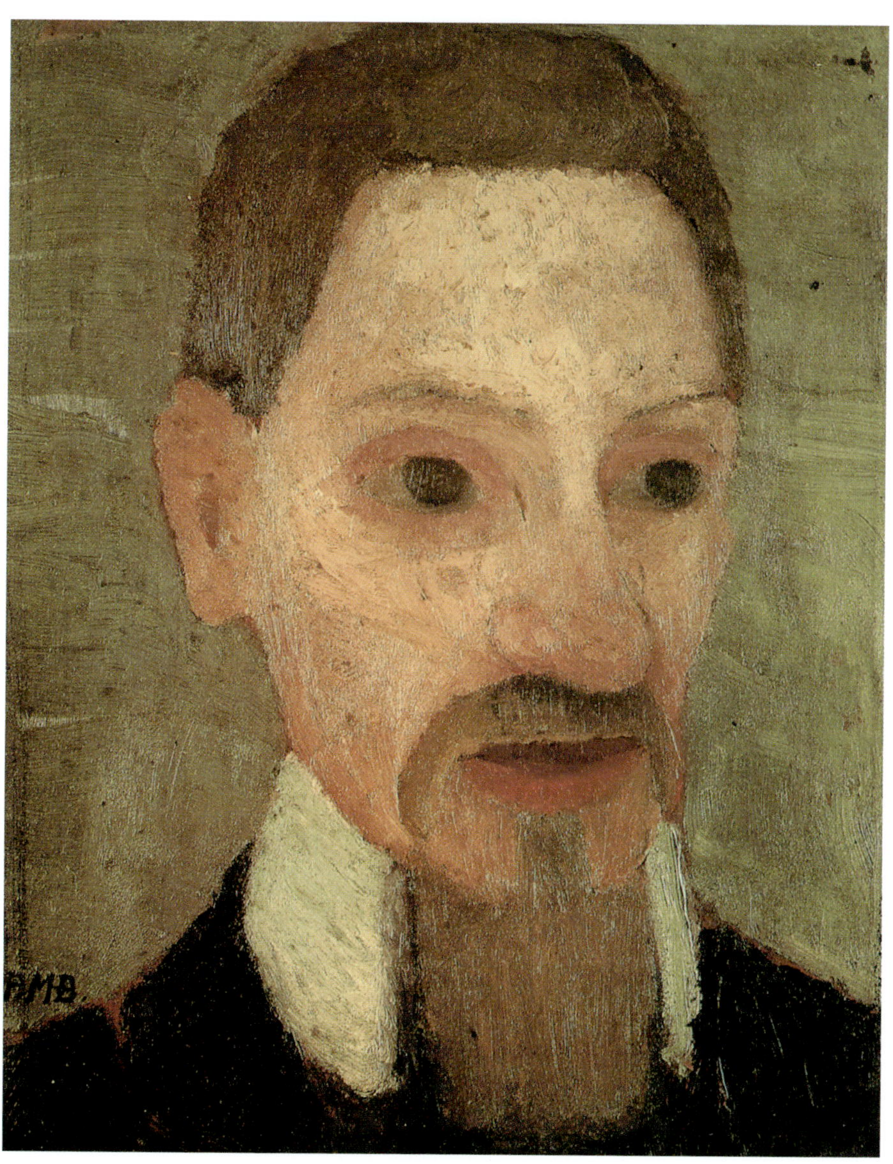

23 *Bildnis Rainer Maria Rilke* 1906
Öltempera auf Pappe, 32,3 x 25,4 cm
Ehemals Sammlung Roselius, Bremen

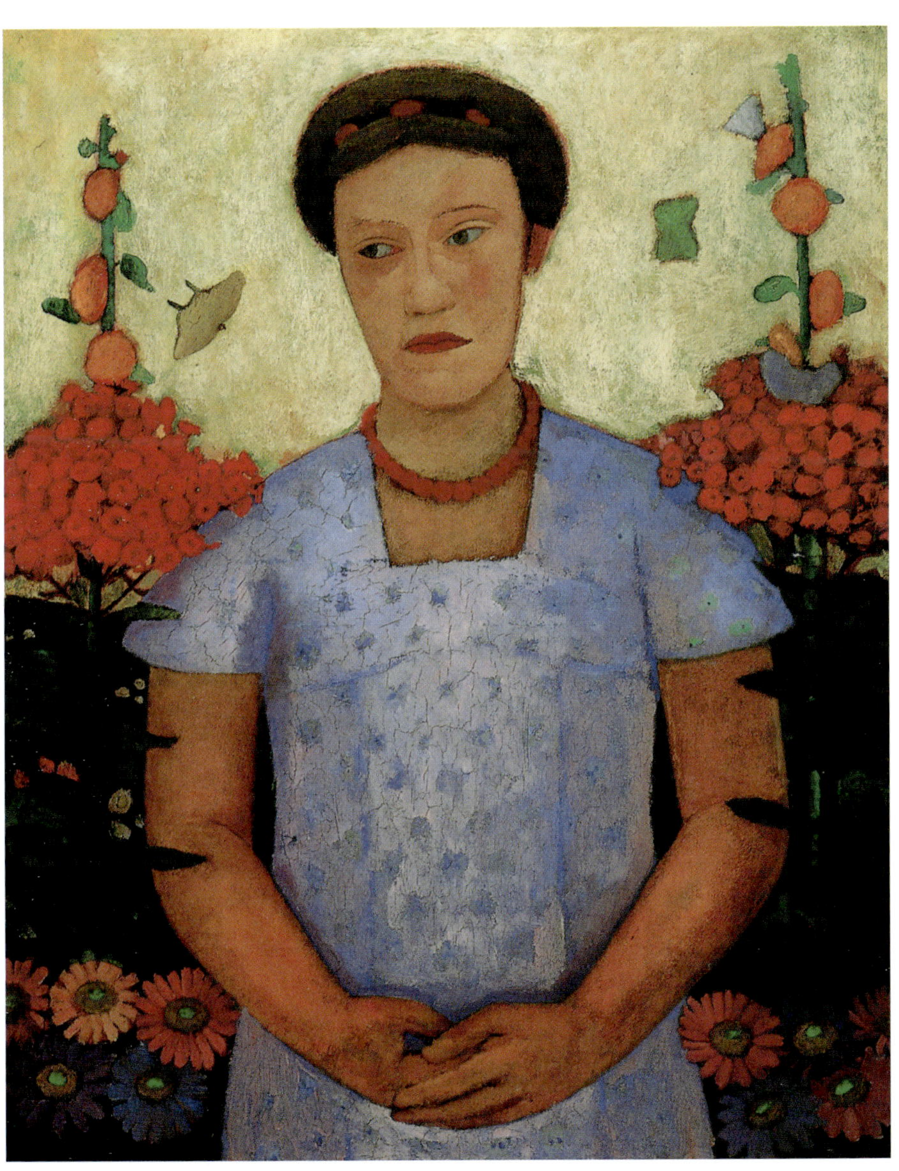

24 *Bildnis Lee Hoetger* 1906
Öl auf Papier auf Pappe, 92 x 73,5 cm
Ehemals Sammlung Roselius, Bremen

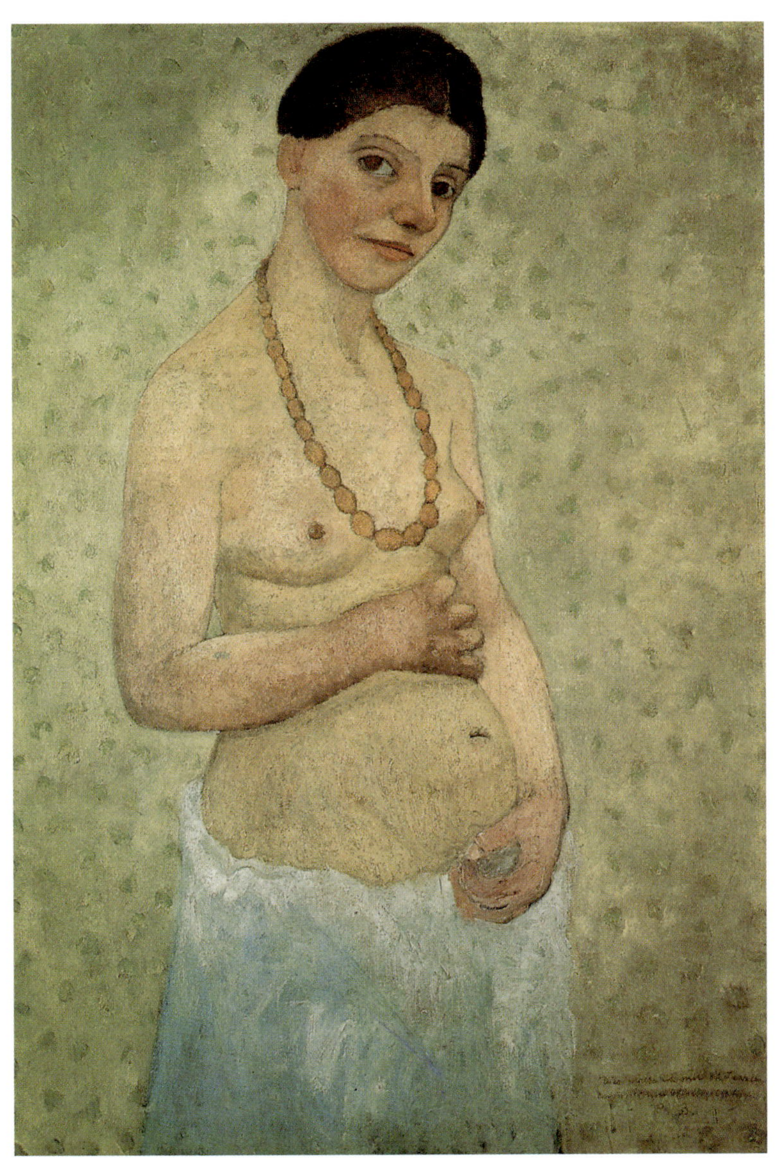

25 *Selbstbildnis am 6. Hochzeitstag* 25. Mai 1906

Öltempera auf Pappe, 101,5 x 70,2 cm

Ehemals Sammlung Roselius, Bremen

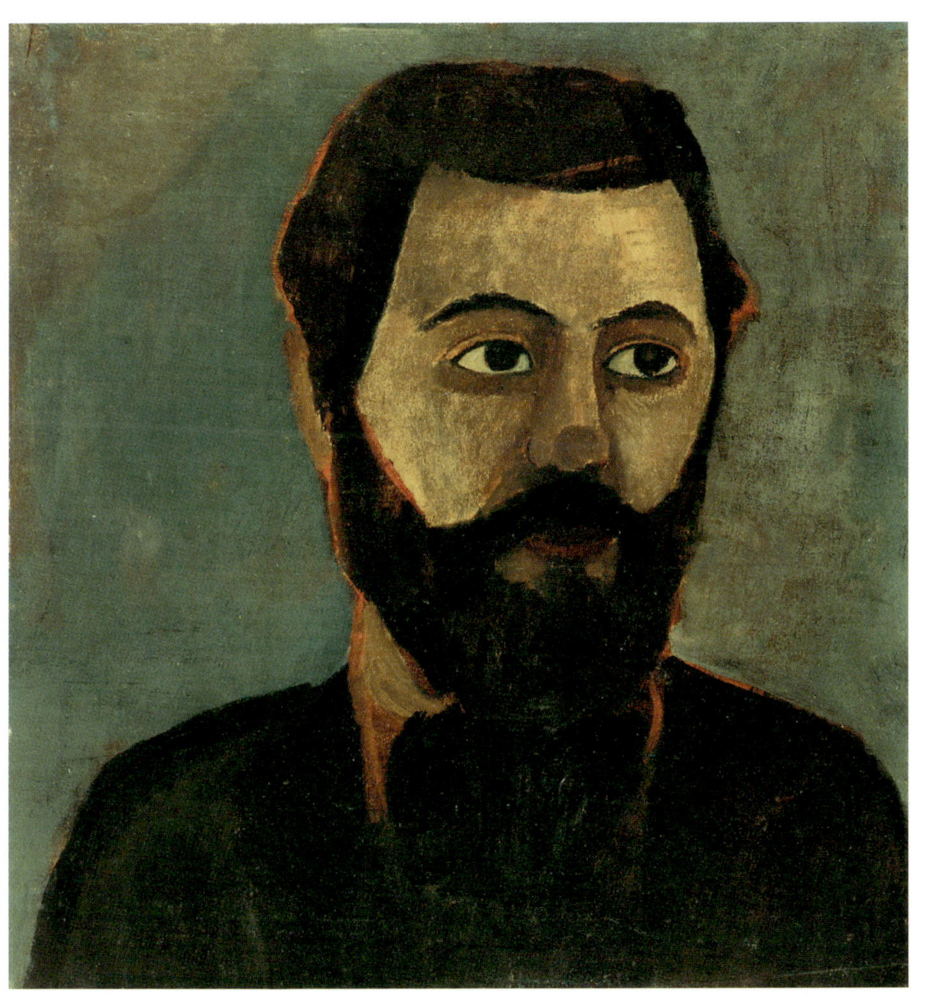

26 *Bildnis Werner Sombart* 1906
Öl auf Leinwand auf Holz, 50 x 46 cm
Kunsthalle Bremen

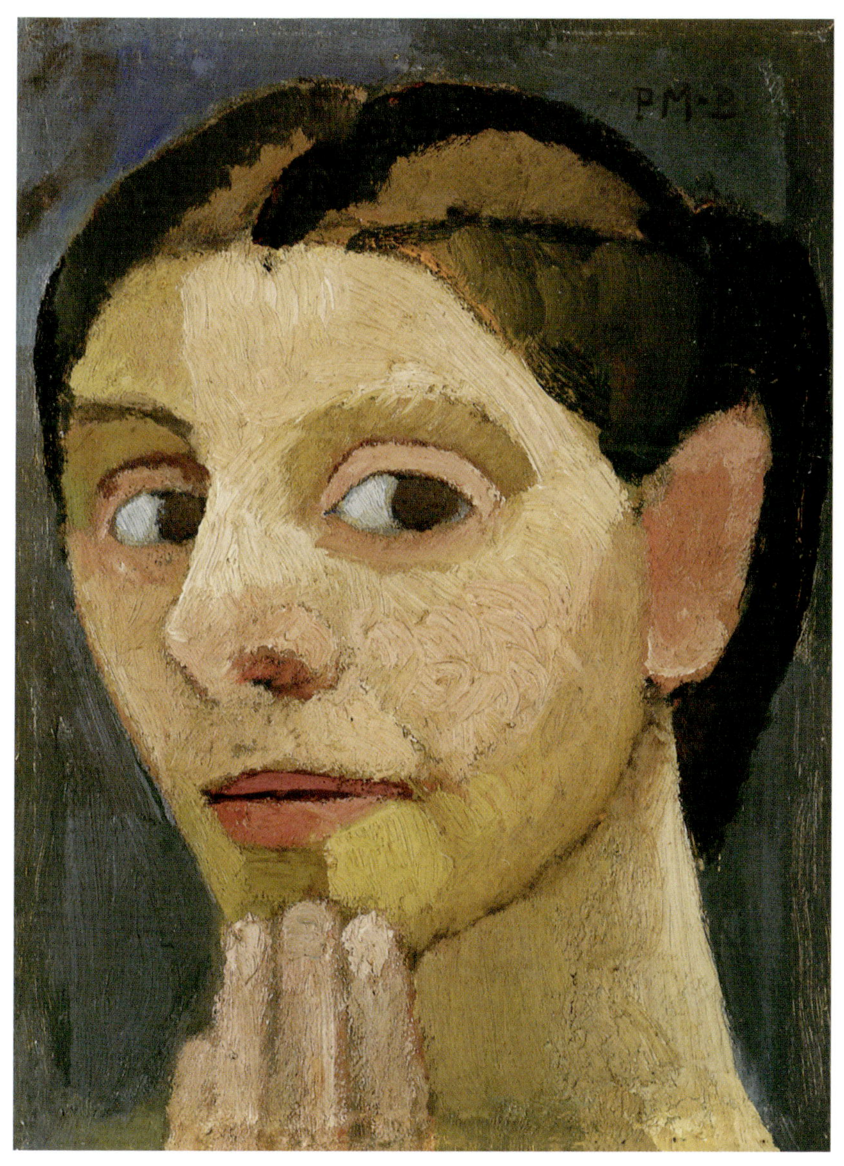

27 *Selbstbildnis mit Hand am Kinn* um 1906

Öltempera auf Holz, 29 x 19,5 cm

Privatbesitz

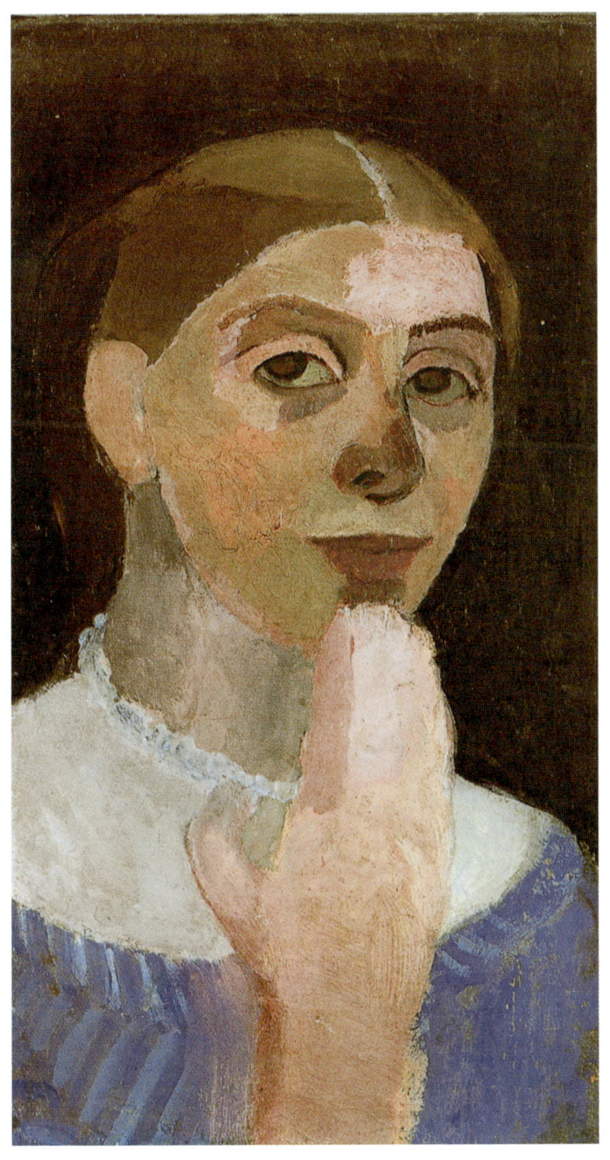

28 *Selbstbildnis mit blauweißem Kleid* 1906/1907
Öl auf Pappe, 49 x 26,5 cm
Ehemals Sammlung Roselius, Bremen

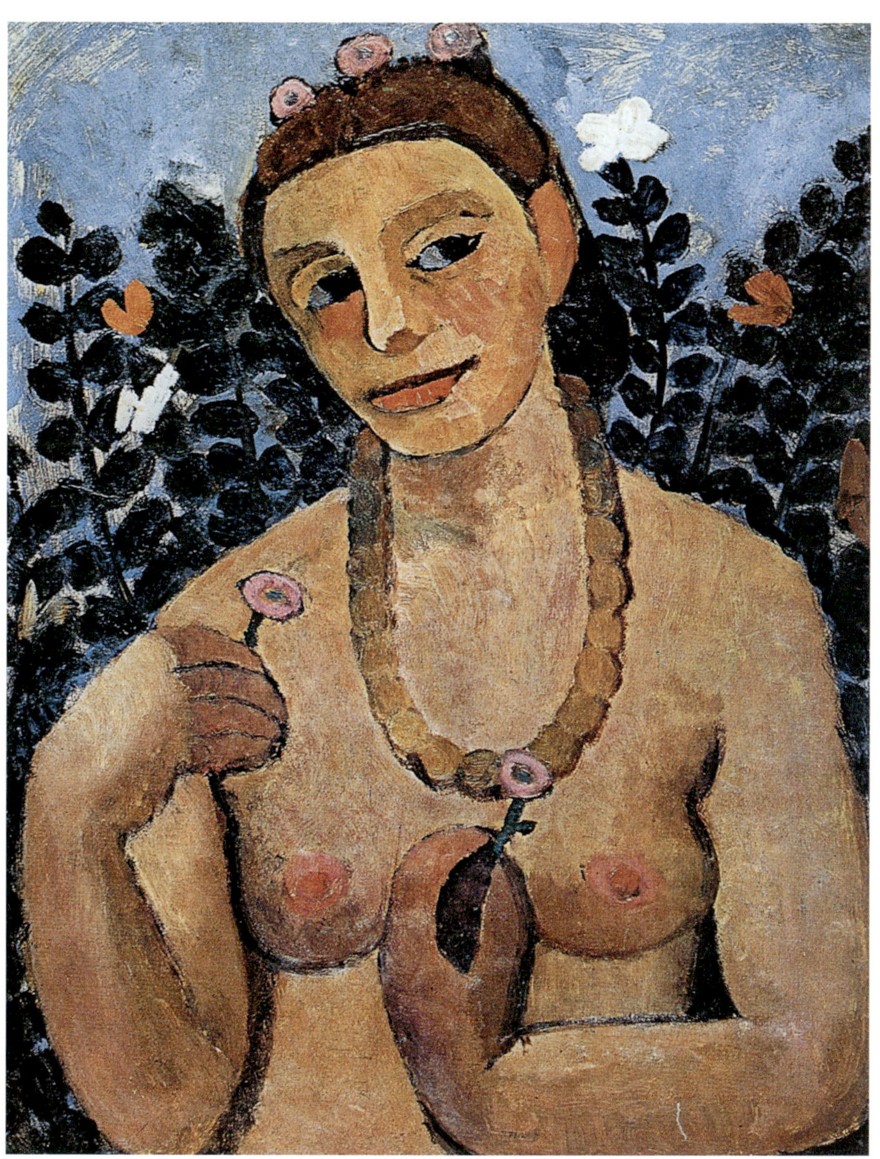

29 *Selbstbildnis* 1906
Öltempera auf Pappe, 62,2 x 48,2 cm
Ehemals Sammlung Roselius, Bremen

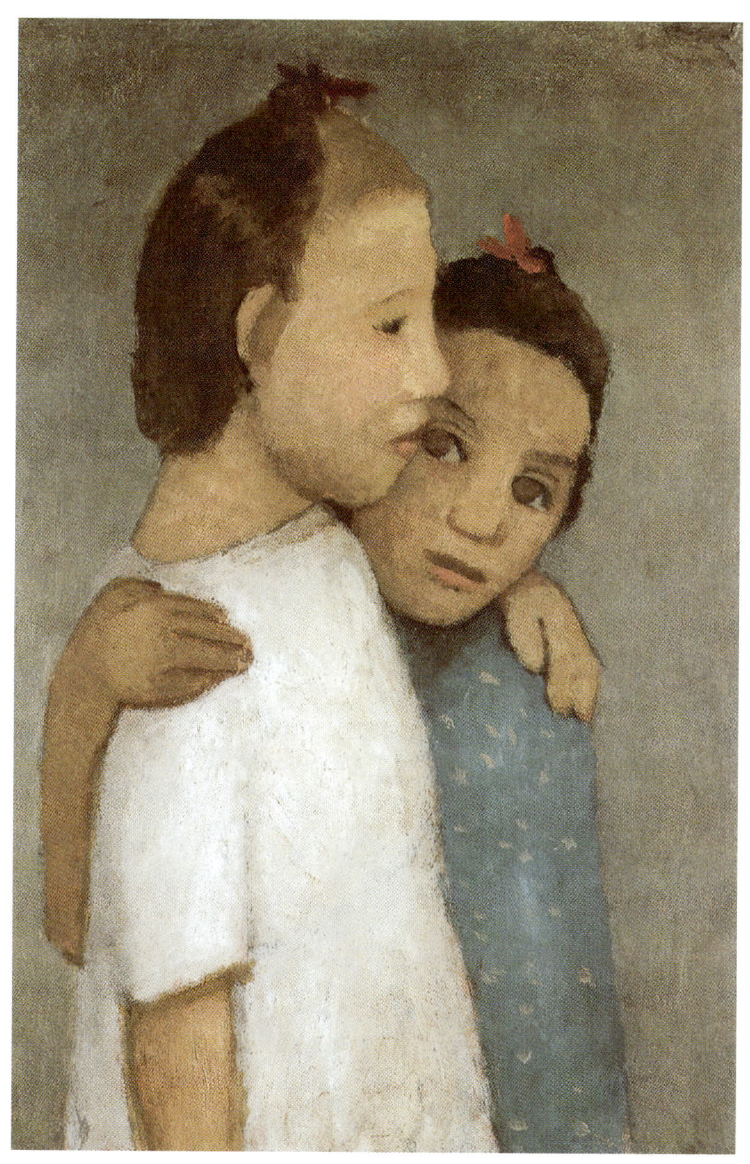

30 *Geschwister* 1906
Öltempera auf Pappe, 58,5 x 40 cm
Privatbesitz

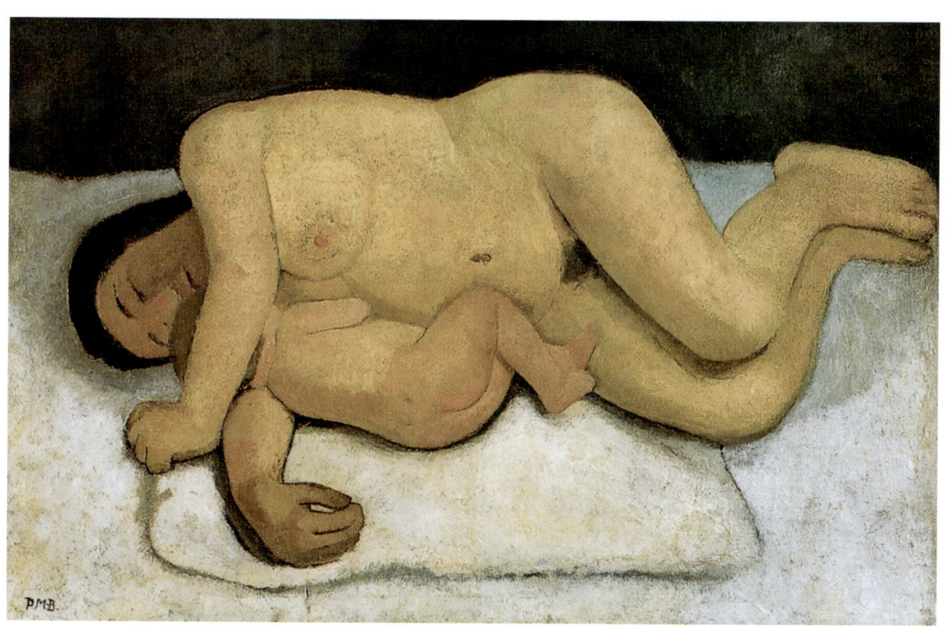

31 *Liegende Mutter mit Kind* 1906
Öltempera auf Leinwand, 82 x 124,7 cm
Ehemals Sammlung Roselius, Bremen

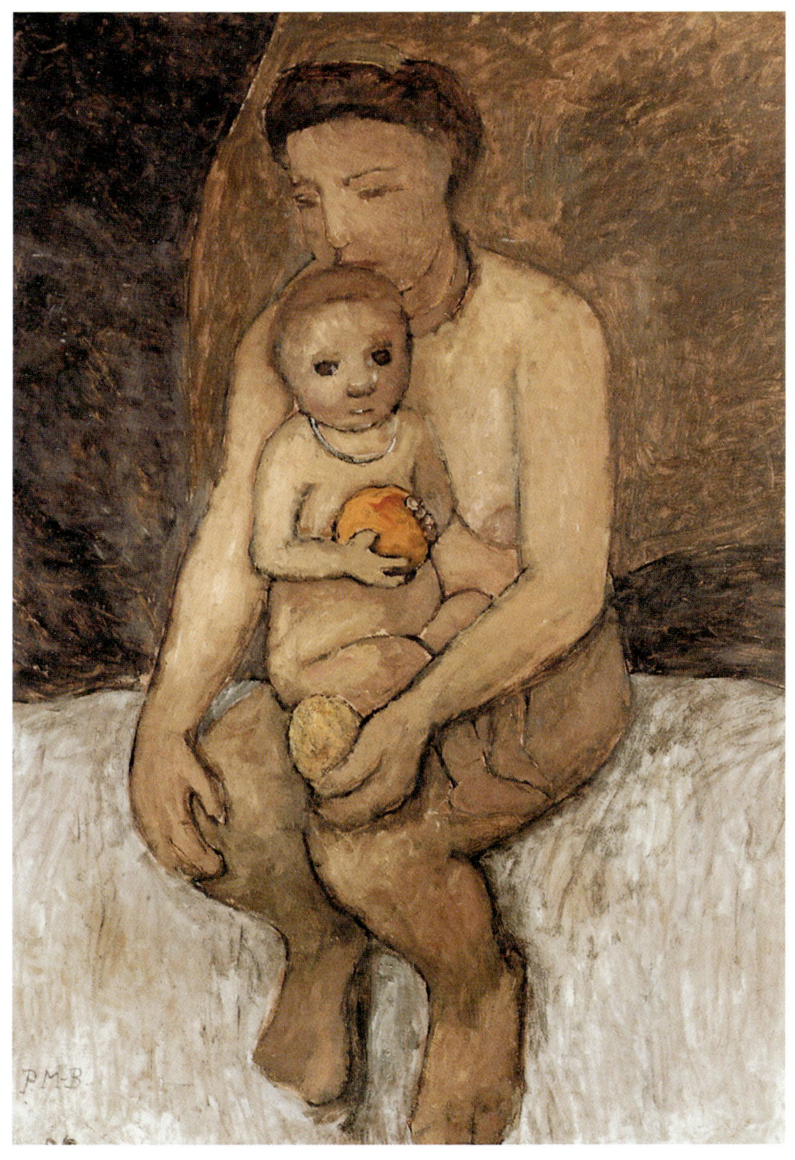

32 *Mutter und Kind* 1906
Öl auf Pappe, 105 x 75 cm
Von der Heydt-Museum, Wuppertal

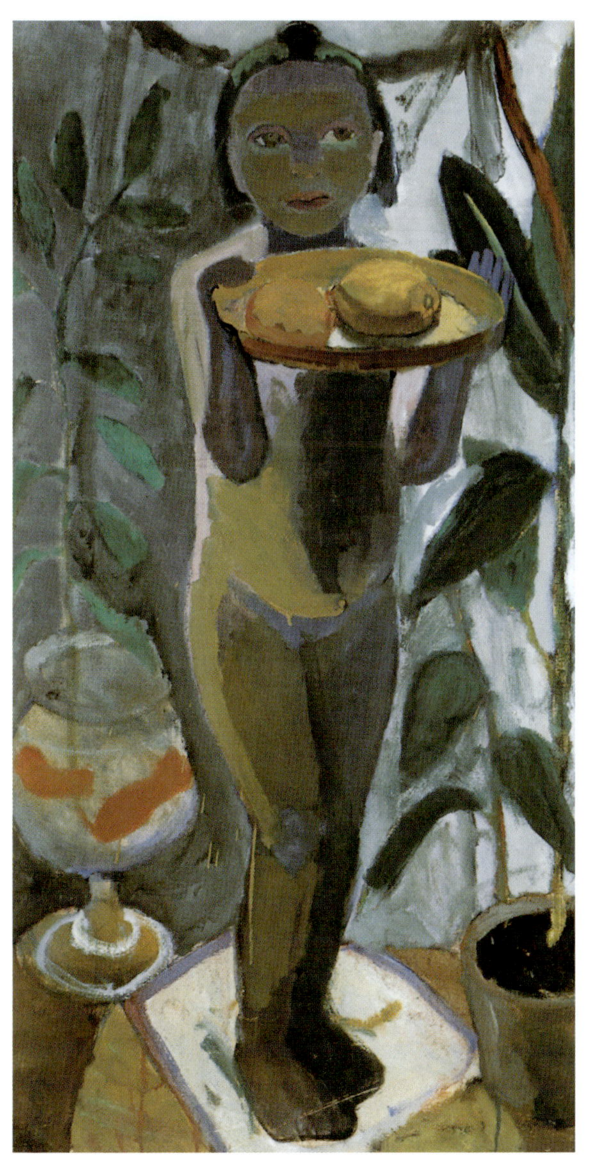

33 *Kinderakt mit Goldfischglas* 1906/1907
Öltempera auf Leinwand, 105,5 x 54,5 cm
Bayerische Staatsgemäldesammlungen, München

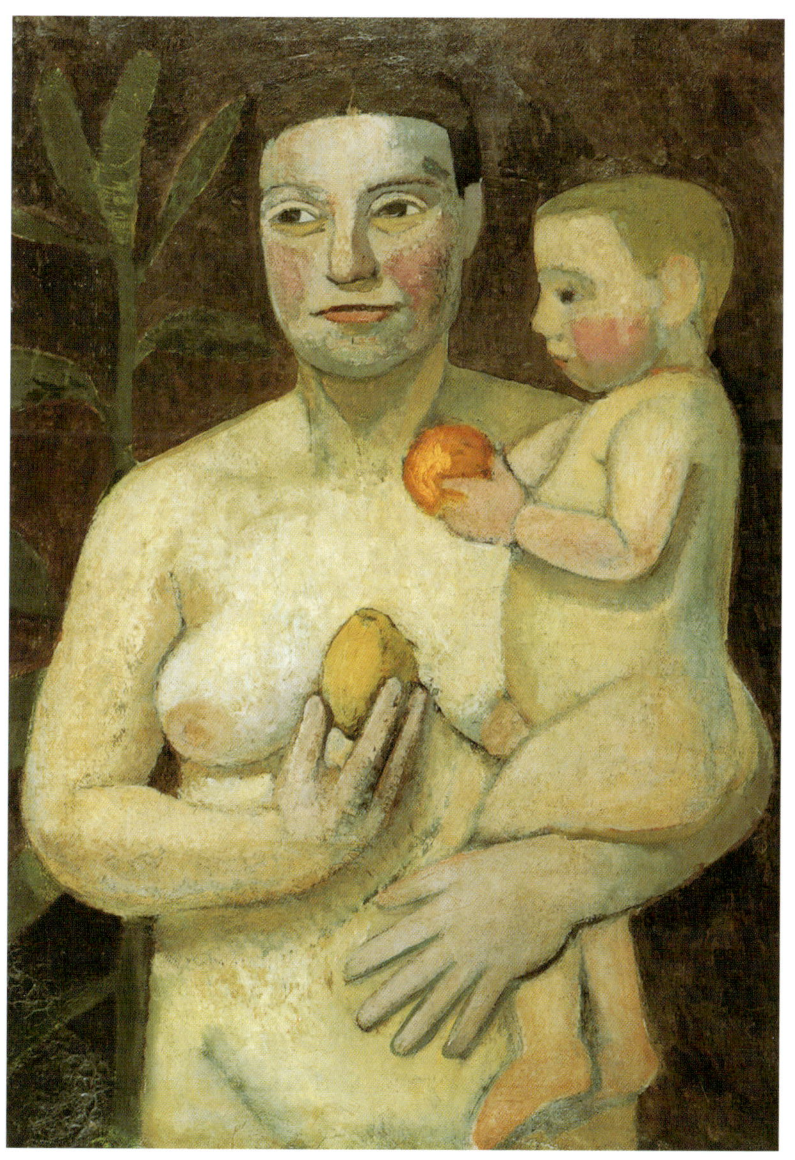

34 *Mutter und Kind* 1907
Öl auf Leinwand, 80 x 59 cm
Museum am Ostwall, Dortmund

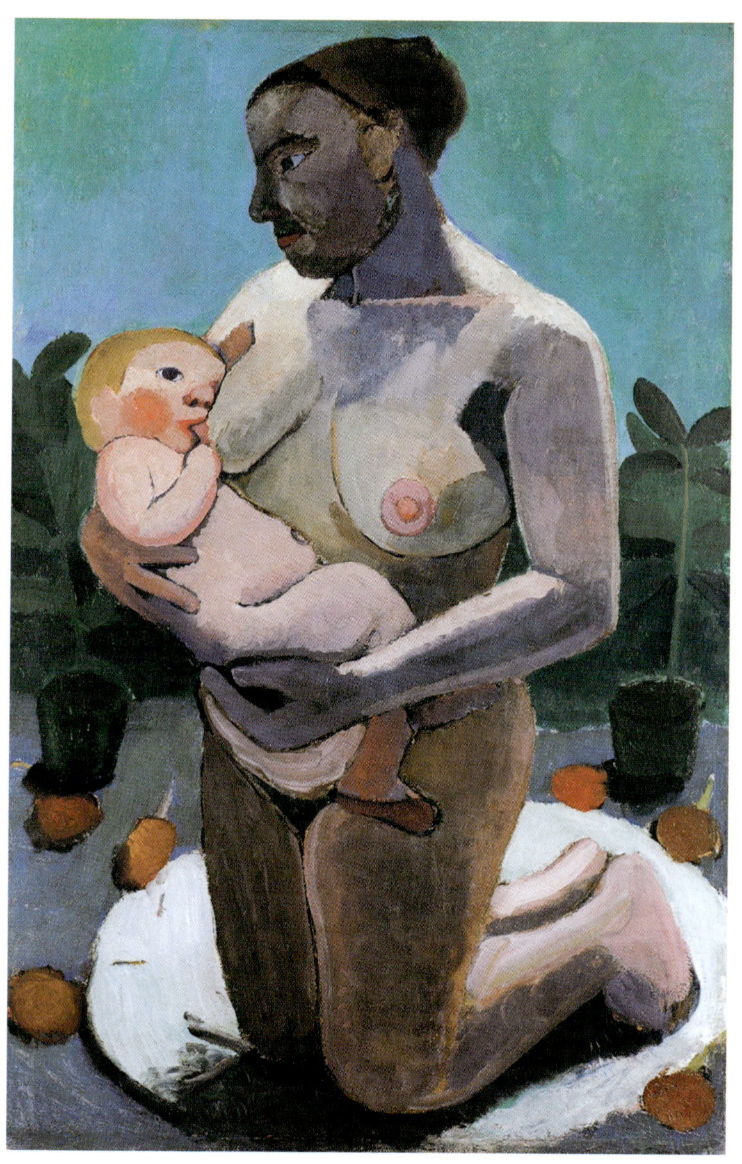

35 *Knieende Mutter mit Kind* 1907
Öl auf Leinwand, 113 x 74 cm
Nationalgalerie, Berlin

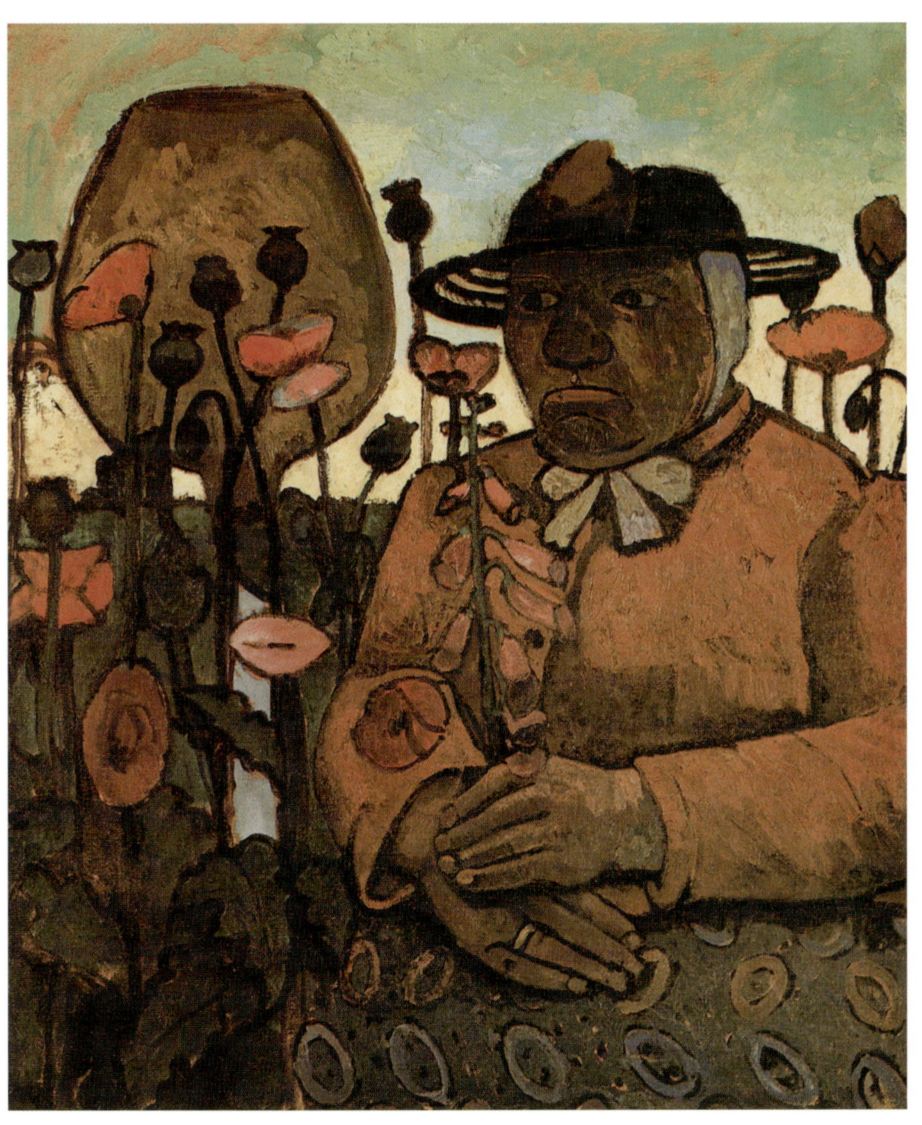

36 *Alte Armenhäuslerin mit der Glasflasche* 1907
Öl auf Leinwand, 96 x 80,2 cm
Ehemals Sammlung Roselius, Bremen

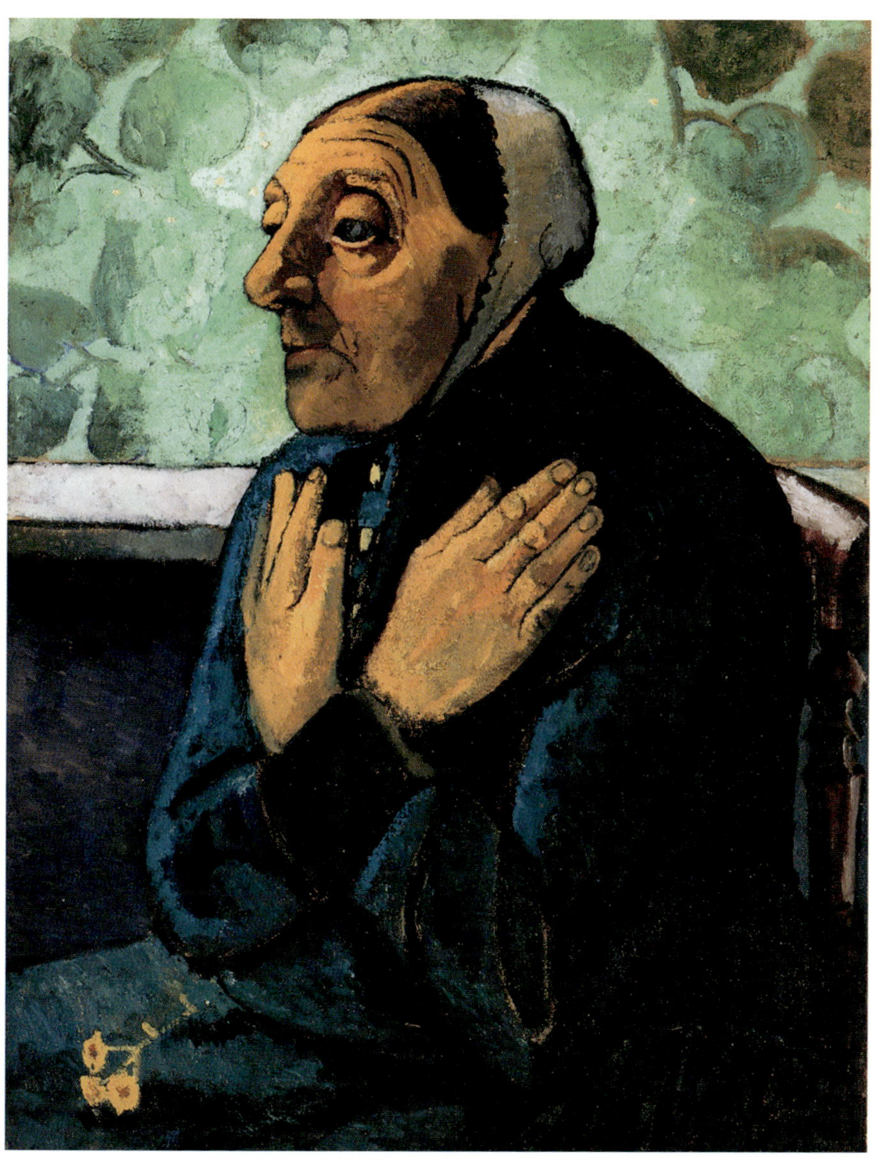

37 *Alte Bäuerin* 1907
Öltempera auf Leinwand, 96 x 77 cm
The Detroit Institute of Art, Detroit

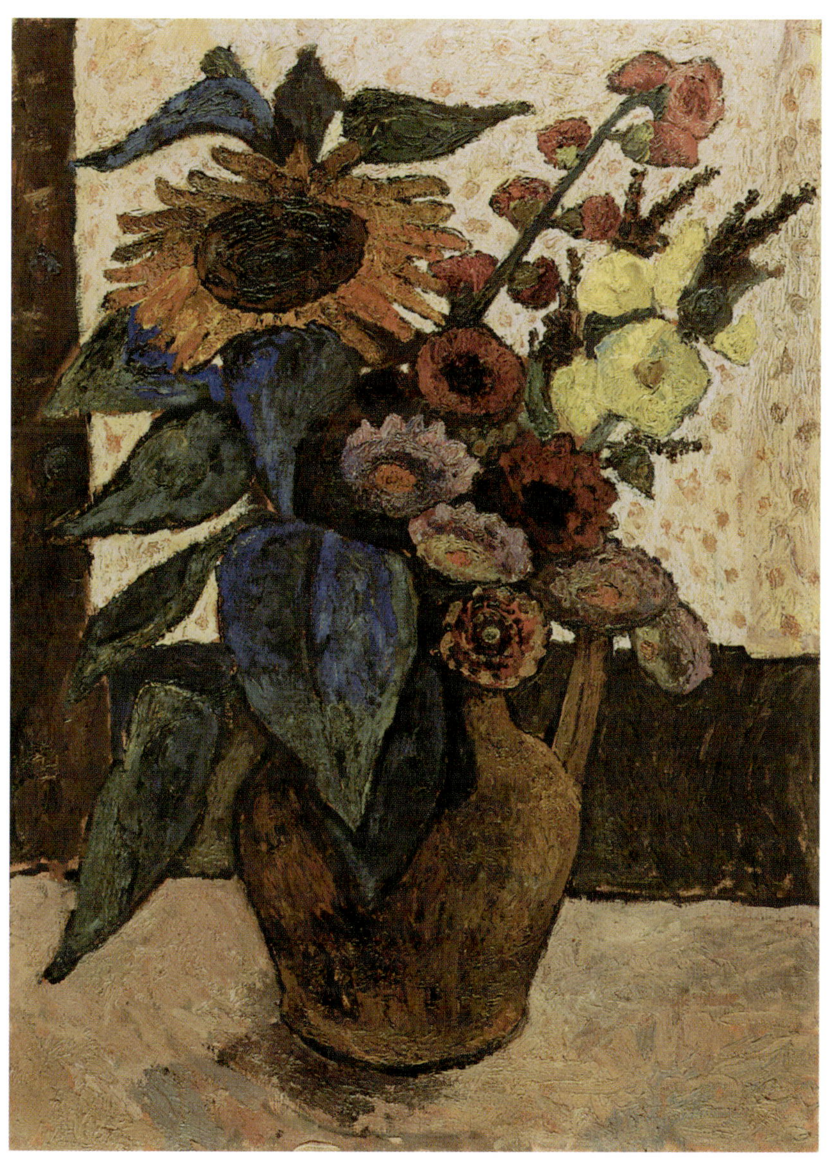

38 *Blumenstilleben mit Sonnenblumen und Malven* 1907
Tempera auf Leinwand, 90 x 65 cm
Kunsthalle Bremen

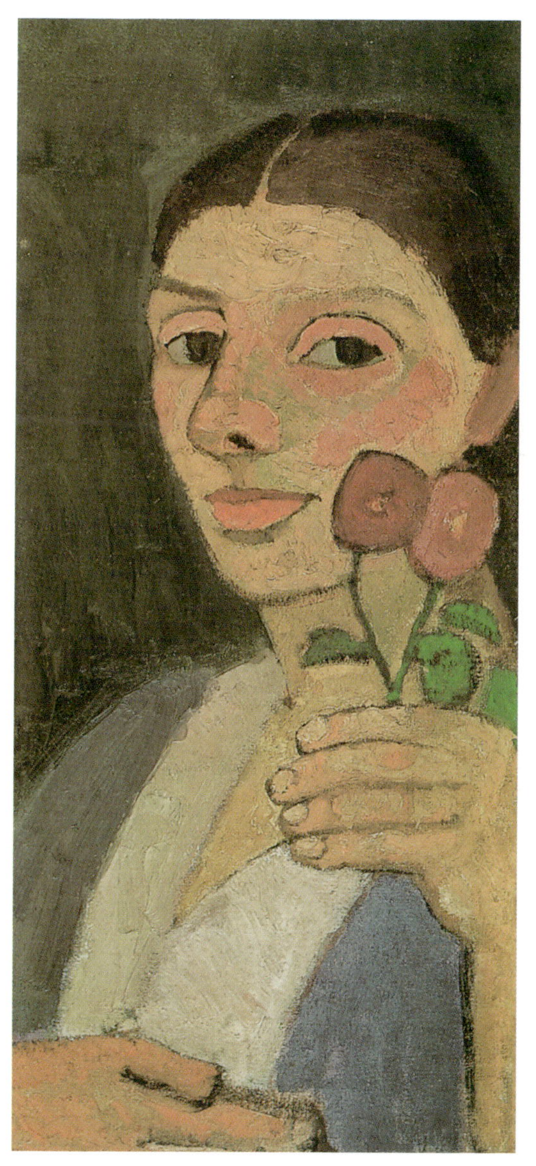

39 *Selbstbildnis, zwei Blumen in der erhobenen Hand* 1907
Öl auf Leinwand, 55 x 25 cm
Privatbesitz

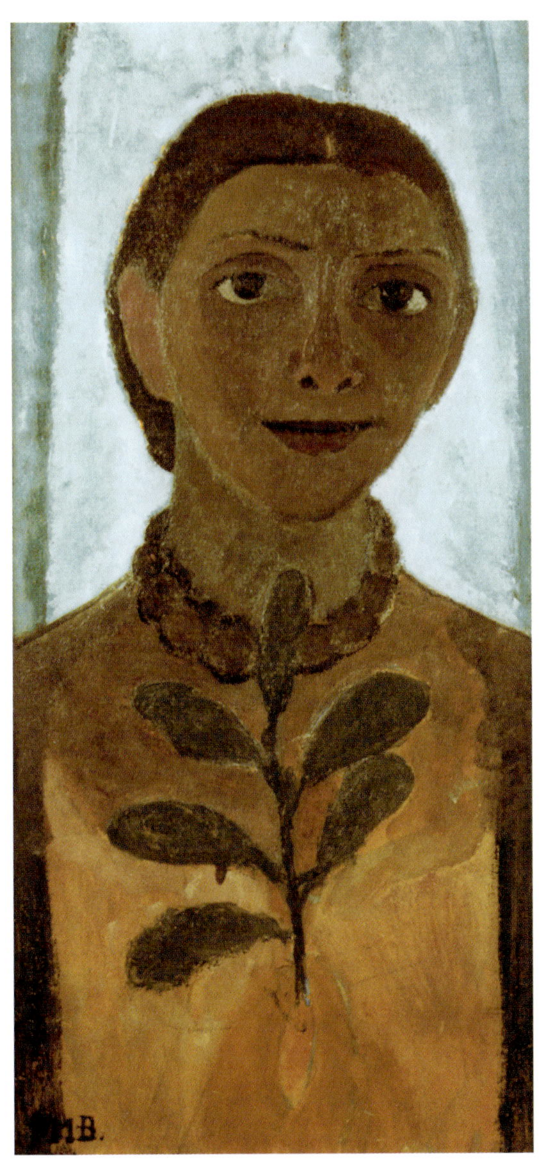

40 *Selbstbildnis mit Kamelienzweig* 1907
Öltempera auf Pappe, 62 x 30 cm
Museum Folkwang, Essen

Biographische Daten

1876 Paula Becker wird am 8. Februar in Dresden geboren. Sie ist das dritte von sieben Kindern des Ingenieurs Carl Woldemar Becker und seiner Frau Mathilde.

1888 Umzug der Familie nach Bremen.

1892 Paula erhält bei dem Bremer Maler Bernhardt Wiegandt den ersten Zeichenunterricht; es folgt ein fast einjähriger Aufenthalt auf dem Landgut einer Schwester ihres Vaters in der Nähe von London. Paula nimmt an den Zeichenstunden einer privaten Londoner Kunstschule teil.

1893 Auf Wunsch der Eltern absolviert Paula ein Lehrerinnenseminar in Bremen.

1895 Sie schließt ihre pädagogische Ausbildung ab. Im April stellen Mitglieder der Worpsweder Malerkolonie – unter ihnen Fritz Mackensen und Otto Modersohn – ihre Arbeiten in der Bremer Kunsthalle vor. Sie ernten weitgehend Ablehnung. Im Münchner Glaspalast dagegen feiern die Worpsweder im Herbst große Erfolge.

1896 Im Frühjahr nimmt Paula Becker in Berlin an einem zweimonatigen Mal- und Zeichenkursus des Vereins der Berliner Künstlerinnen teil. Ihr Lehrer ist der »Halligenmaler« Jacob Alberts. Nach einigen Reisen – u.a. nach München, um die Pinakothek und die Schack-Galerie kennenzulernen – Rückkehr nach Berlin.

1897 Paula Becker tritt in die Portraitklasse der Malerin Jeanne Bauck ein. Im Sommer einige Wochen in Worpswede. Sie erhält Anregungen von Fritz Mackensen und lernt Otto Modersohn kennen. Im Oktober Rückkehr nach Berlin.

1898 Museums- und Galerienbesuche in Berlin. Besonders beeindrucken sie die Bilder von Walter Leistikow und Edvard Munch sowie die neueren französischen Künstler, beispielsweise Pissarro, Vallotton, Toulouse-Lautrec, Puvis de Chavannes und Odilon Redon. Im Herbst Umzug nach Worpswede. Paula wird – gemeinsam mit Clara Westhoff, der späteren Frau Rainer Maria Rilkes – Schülerin von Fritz Mackensen.

1899 Der Maler Carl Vinnen äußert sich positiv über ihre Arbeiten. Im Dezember Ausstellung von zwei Gemälden und einigen Studien in der Bremer Kunsthalle. Der Maler, Dichter und Kritiker Arthur Fitger kritisiert sie vehement. Carl Vinnen veröffentlicht eine Entgegnung.

1900 Anfang des Jahres wird Paula Becker Schülerin in der Pariser Privat-Akademie Colarossi. Häufige Besuche im Louvre; zahlreiche Nachzeichnungen von Gemälden. Im Juni kommen Heinrich Vogeler, Fritz Overbeck, Otto Modersohn zur Weltausstellung nach Paris. Plötzlicher Tod von Modersohns Frau. Ende Juni kehrt Paula nach Worpswede zurück. Im Spätsommer lernt sie Rainer Maria Rilke kennen; heimliche Verlobung mit Otto Modersohn im Spätherbst.

1901 Im Februar Besuch in Dresden; besonders die Kunst Rembrandts und Böcklins beeindrucken sie stark. Hochzeit mit Otto Modersohn am 25. Mai.

1903 Im Februar und März Aufenthalt in Paris; Paula Modersohn-Becker belegt weitere Kurse in der Akademie Colarossi. Im Louvre entdeckt sie die Kunst des alten Ägypten, Japans und der griechischen Antike für sich. Besuch bei Auguste Rodin.

1904 Zahlreiche Reisen und Ausflüge des Ehepaars Modersohn-Becker, u.a. nach Fischerhude, Berlin und Dresden; Wanderungen im Elbsandsteingebirge. Mehrmalige Besuche des Malers Louis Moilliet, ein späterer Freund August Mackes, in Worpswede.

1905 Von Februar bis April dritter Paris-Aufenthalt; Paula besucht die Académie Julian. Neben Rembrandt beeindrucken sie besonders die Werke von Vuillard, Maillol und Denis; Besichtigung der Gauguin-Sammlung Fayet sowie der Ausstellung der »Artistes Indépendants« mit zahlreichen Bildern von van Gogh, Seurat, Henri Matisse und den Fauves.

1906 Ab Mitte Februar längerer Aufenthalt in Paris. Sie bezieht ein Atelier am Boulevard Montparnasse; Besuch der École des Beaux-Arts. Im April Reise mit der Schwester Herma in die Bretagne; sie besuchen den Bildhauer Bernhard Hoetger. Otto Modersohn kommt im Herbst nach Paris – die ursprünglich geplante Trennung wird nicht vollzogen. Gemeinsame Ausstellung zum Jahresende in der Bremer Kunsthalle.

1907 Rückkehr im Frühjahr nach Worpswede. Am 2. November wird ihre Tochter Mathilde (Tille) geboren. Paula Modersohn-Becker stirbt am 20. November an einer Embolie. Sie wird auf dem Friedhof von Worpswede beigesetzt.

Literaturhinweise

Augustiny, Waldemar: *Paula Modersohn-Becker*, hrsg. von W.D. Stock, Fischerhude 1971, Neuaufl. 1986

Böttcherstraße Bremen (Hrsg.): *Paula Modersohn-Becker. Bilder aus der Sammlung Roselius*, Lilienthal 1978

Busch, Günter: *Paula Modersohn-Becker. Malerin Zeichnerin*, Frankfurt/M. 1981

Busch, Günter und Liselotte von Reinken (Hrsg.): *Paula Modersohn-Becker in Briefen und Tagebüchern*, Frankfurt/M. 1979, Neuaufl. 1980

Harke, Peter: *Stilleben von Paula Modersohn-Becker*, Lilienthal 1985

Hülsmann, Boda: *Paula Modersohn-Becker. In Freiheit zu sich selbst*, Stuttgart 1988

Krininger, Doris: *Modell – Malerin – Akt. Über Suzanne Valadon und Paula Modersohn-Becker*, Darmstadt/Neuwied 1986

Modersohn, Otto, Clara Rilke-Westhoff, Heinrich Vogeler u.a.: *Paula Modersohn-Becker. Ein Buch der Freundschaft*, hrsg. von Rolf Hetsch, Berlin 1931, Neubearb. Fischerhude 1985

Paula Modersohn-Becker. Die Landschaften, hrsg. von der Paula-Modersohn-Becker-Stiftung in Zusammenhang mit der Ausstellung in der Kunsthalle Bremen 1982, 2. Aufl. 1985

Paula Modersohn-Becker. Das Frühwerk, hrsg. von der Paula-Modersohn-Becker-Stiftung in Zusammenhang mit der Ausstellung in der Kunsthalle Bremen 1985

Paula Modersohn-Becker. Mensch und Landschaft, Kat. der Ausst. in der Kunsthalle Emden 1987

Murken-Altrogge, Christa: *Paula Modersohn-Becker*, Köln 1980

Murken-Altrogge, Christa: *Paula Modersohn-Becker. Kinderbildnisse*, 2. Aufl., München 1989

Reinken, Liselotte von: *Paula Modersohn-Becker*, Reinbek bei Hamburg 1983

Uhde-Stahl, Brigitte: *Paula Modersohn-Becker. Frau – Künstlerin – Mensch*, Stuttgart/Zürich 1989, 2. Aufl. 1990

Bildnachweis

Jörg P. Anders, Berlin: 35; Artothek Joachim Blauel, Peißenberg: 33; The Detroit Institute of Arts, Gift of Robert H. Tannahill: 37; Folkwang Museum, Essen: 40; Von der Heydt-Museum, Wuppertal-Elberfeld: 17, 21, 32; Kunsthalle Bremen: 1, 5, 12, 18, 22, 26, 38; Kunsthalle Hamburg (Photowerkstatt Elke Walford): 19; Museum am Ostwall, Dortmund: 34; Niedersächsisches Landesmuseum, Landesgalerie, Hannover: 3, 27 (Leihgabe der H. Bahlsen Keksfabrik KG); Privatsammlung: 2, 4, 8, 9, 11, 13, 15, 16, 20, 23, 24, 25, 28, 29, 30, 31, 36, 39; Rheinisches Bildarchiv, Köln: 14; Staatliche Kunstsammlungen, Kassel (Photo: Ute Brunzel): 10; Staatsgalerie Stuttgart: 6; Westfälisches Landesmuseum für Kunst und Kulturgeschichte, Münster: 7.

Paul Cézanne – Rainer Maria Rilke

Was Rilke sah, Bild für Bild.
Die große Cézanne-Gedächtnisausstellung 1907 in Paris,
die Geschichte schrieb.

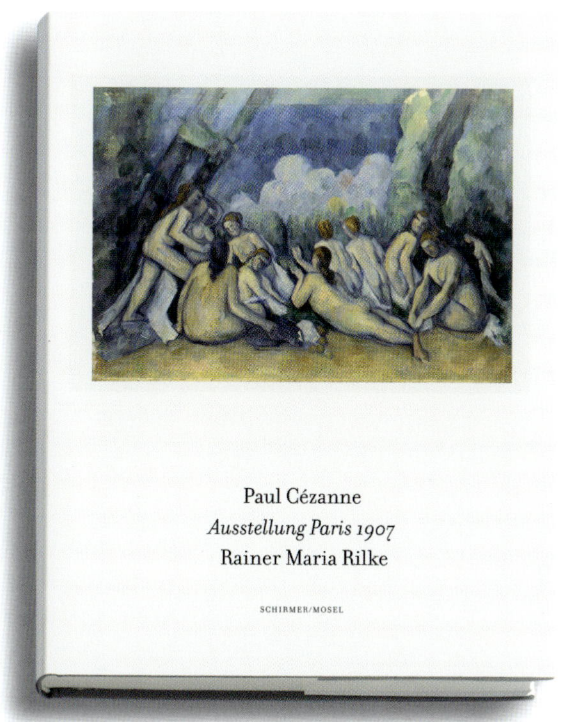

Rekonstruktion der Cézanne-Ausstellung 1907
im Grand Palais, Paris, und die Briefe über Paul Cézanne
von Rainer Maria Rilke an Clara Rilke-Westhoff
und Paula Modersohn-Becker

Zusammengestellt und eingeleitet von Bettina Kaufmann,
herausgegeben von Lothar Schirmer

200 Seiten, 69 farbige Abbildungen
ISBN 978-3-8296-0821-3